本书得到教育部人文社会科学基金项目
"信息视角的市场治理研究"(13YJA790103)和
河北经贸大学社会管理德治与法治协同创新中心项目
"社会治理体制创新研究"(2014ZBKT01)资助

提升高校教学质量的信息治理机制

刘彦平　田　光◎著

中国社会科学出版社

图书在版编目（CIP）数据

提升高校教学质量的信息治理机制/刘彦平，田光著 . —北京：
中国社会科学出版社，2017.8
　ISBN 978 - 7 - 5161 - 8003 - 7

　Ⅰ.①提…　Ⅱ.①刘…　②田…　Ⅲ.①高等教育—教育质量—
研究—中国　Ⅳ.①G642.0

中国版本图书馆 CIP 数据核字（2016）第 074780 号

出 版 人	赵剑英
责任编辑	卢小生
特约编辑	林　木
责任校对	周晓东
责任印制	王　超

出　　版	中国社会科学出版社
社　　址	北京鼓楼西大街甲 158 号
邮　　编	100720
网　　址	http://www.csspw.cn
发 行 部	010 - 84083685
门 市 部	010 - 84029450
经　　销	新华书店及其他书店

印　　刷	北京明恒达印务有限公司
装　　订	廊坊市广阳区广增装订厂
版　　次	2017 年 8 月第 1 版
印　　次	2017 年 8 月第 1 次印刷

开　　本	710 × 1000　1/16
印　　张	13.75
插　　页	2
字　　数	207 千字
定　　价	60.00 元

目　录

第一章 导言

第一节 研究思路、内容、目标、拟突破的重点难点和研究方法

一 研究思路

本书研究思路是高校教学质量是其生命，但目前的教学质量堪忧，要改善教学质量关键要落实到教师，而教师拥有个人的教学私有信息，对其不正确运用会损害教学质量，必须想办法化解。对此，本书展开对教师及其私有信息的特点和已有化解模式的分析，并给出一个解决方案，即教师轮流挂牌上课制度、对象性双向制和教研室团队建设。

二 研究内容

在内容上，本书分为两部分。一部分建立货币信息弱势理论，是全部分析总的理论基础，主要内容包括：阐明货币所有者处于信息弱势地位、货币信息弱势地位的原因分析及货币信息弱势的危害和化解等。另一部分运用货币信息弱势理论分析高等教育中信息不对称问题。

高等教育教学过程中存在师生间的信息不对称，影响教学质量，关乎国家竞争力，这种问题的解决可以借助于信息不对称的起始性化解、过程性化解和剩余性化解三个大的维度。

三 研究目标

本书的研究目标：

提出高校教学私有信息的化解方案。可称为三维立体性化解方案——教师轮流挂牌上课制度，是一种起始性化解；对象性双向制，是一种过程性化解；教研室团队建设，是一种剩余性化解。

轮流挂牌上课制度是学生选课机制对教师的评价，是竞争机制对高校教师私有信息的化解，是对教师私有信息的一种起始性化解方式，不被选择的教师与学生没有形成信息不对称的关系，从一开始就失去了他发挥其私有信息的机会，所以这种制度对教师是一种源头式警示，对其行为模式具有重大影响。同时为了避免学生以不选课对严格要求的教师进行报复，实行挂牌上课轮流制，即这一学期某个教师挂牌上课，下一学期就按指定任务上课，这样对学生要求严格的教师不至于没有课上。

对象性是指制度有其针对的特定目标如教师及其各种检查培训，双向制是指管理者和被管理者互相沟通、相互反馈，而不是单纯的教师对管理者的报告或管理者对教师的检查。对象性双向制即通过管理部门对教师的督促培训和教师对管理部门的管理信息反馈实现双方互动的一系列制度和规则，这种制度贯穿于整个教学过程中。

教研室团队建设是一种制度创新，制度的具体内容是利用连带责任制度体现利益相关机制、效用强化机制、组织歧视机制和教研室声誉机制达到化解教师个人教学私有信息和协同进化的目的。

这三个阶段的制度互相联系、互相制约，共同指向私有信息化解，最终实现教学质量改善。

四 拟突破的重点难点

拟突破的重点：教学私有信息与教学质量的关联；教学私有信息化解方案。

拟突破的难点：教学私有信息化解方案。

五 研究方法

（1）信息分析方法。问题的分析和解决都是围绕信息力量对比、信息不对称、信息化解等展开的。

（2）理论性和可操作性相结合方法。理论分析追求深刻透彻，是实际解决问题的依据，可操作性追求踏实和实用，是理论分析的归宿。对高校教学私有信息的研究既有经济关系等方面的分析，又有私有信息到底如何化解的措施。总之，不是单一的理论或实务，既做尽可能深入的理论分析，又追求私有信息化解方法的实用性。

（3）多学科综合运用方法。本书运用教育学、经济学、管理学、心理学、哲学和信息科学等多学科理论对问题进行综合分析，以求更加宽广的维度、更加深刻的视野，如运用经济学的经济人假设、成本收益分析和博弈论等，政治哲学的价值论等，管理学的激励理论、概念和机制设计等，教育学的教育规律理论等，心理学的学习理论等，信息科学的信息传递理论等。人的行为复杂难测，既不能用个别的、单独的名词概念来说明，也不能用单纯、唯一的测验来评判，对它的认识必须从多方面综合才能完成。

第二节　研究现状

一　国外研究情况

国外没有化解高校教学私有信息的专门的研究视角，但是，国外注重高校教学质量的监控。如美国对高校的设立、运行和考评都有明确的规定，它们有大量的民间机构对高校进行认证鉴定工作；德国在这方面政府比较集权，通过对高校各种运行条件的规定保证教学质量；日本基本学习美国。

二　国内研究情况

理论界已有信息经济学或高等教育管理的单方面研究，且成果众多，可以列出很多文献，是本书研究的有利条件，但尚缺乏把两者结合起来的探讨。

信息经济学中他人没有分化出货币信息弱势的独特视角；高教研究多数是肯定教师的奉献精神，忽视了他们在学生面前的知识信息优势地位，而师生的信息对称对教学质量也是至关重要的。

信息是决策的重要基础，理论界信息力量对比研究角度的缺失使问题的解释力和解决能力降低，本书力图开创这个视角。高校中现已存在的化解机制主要有：

（一）督导制度

督导制度是教学质量监控体系中的重要组成部分，它按照国家有关教育的方针、政策和法规，对教学活动全过程及公共管理进行检查、监督、评价与指导，为学校决策部门提供改进教学管理的依据和参考意见。其弊端在于督导人员的利益相关度低；督导人员缺乏现代教育理论知识；督导人员对教师有情面障碍，客观性和公正性难以保证。

（二）同行评价制度

同行评价，即同事评价，同事之间彼此了解、业务熟悉，评价起来有针对性，效果会比较好，符合"利益相关者行使相应民主权利"的民主管理应当遵循的原则，但容易陷入"事不关己、视评价为形式"，或落入"人际关系、送人情"。

（三）学生打分制度

一门课程结束后，学生根据对教师的印象进行百分制打分，管理部门经过去掉最高分和最低分、平均化等处理后就得到教师的分数。其中隐藏很多问题，比如，学生认为，课已上完了，与己无关，或采取从众行为。可见，都不足以起到化解教学私有信息的作用。

第三节　特色及创新点

一　特色

（一）立体化分析

这是方法上的特色，综合多学科知识，力求分析全面深刻。

（二）立足对教师的客观把握

对教师不过于拔高，早期柏拉图致力于塑造高"含金量"和高善性的理想统治者，遭遇了现实的失败，他不得已从天上回到人间，从理想国转向法治国，教师也不是神灵，他也需要衣食住行。当然，也不能走另一个极端，对教师进行肆意贬抑，知识分子毕竟有更高的追求，物质世界只是精神世界的生存依托，人性并非如柏拉图认为的那样自我改变，它是一切社会关系的总和，可以随着生产条件的变化而变化。这样就把教师放到了市场经济造成的消费社会的大背景下，结合其知识特点给以恰如其分的分析和导向，生产的进步、市场经济的发展，最初以至现在都还没有促成理想价值的普遍性实现，但是不断提高的劳动生产率必然给人们越来越多的思考时间，人类普遍的理想价值诉求终将变为现实。

二　创新

（一）角度新

从信息角度分析若干领域的问题，如从教师私有信息化解的角度讨论提高教学质量、效果在理论界还是第一次尝试，属于教学信息管理的范围。教师是知识性劳动者，对其劳动对象即学生拥有信息优势。

（二）具体内容上的创新

采用有限次博弈论分析解决挂牌上课制度中的突出问题，即挂牌上课教师可能放松管理，反倒降低了教学质量，这属于微观上的重要创新。

第四节　研究意义

一　理论意义

为委托—代理问题提供了一个独特的信息角度解释，学生和教师之间的关系可以看作一种委托—代理关系，学生是委托人，教师是代理人，上面所列具体内容的创新有助于相关研究的深入和完善。为高校教学质量的提高开辟了一个新的分析视角；比较了不同化解机制的利弊；提出了全新的三维立体性化解方案。

二　实践意义

有助于推动高校教学质量的提高，即有利于解决现实高等教育中的热点难点问题。教学质量决定着高等学校的声誉、生死存亡和国家竞争力的强弱。当前我国高校的教学质量令人担忧。造成教学质量低下的原因与扩招、生源质量差、教学条件跟不上、学校对学生要求降低、学生因就业难而产生的学习动力不足等多种因素有关，本书则抓住师生信息不对称进行分析，从更深层次寻找教学质量改善的原因和途径。

第二章　货币信息弱势理论

第一节　问题的提出

货币信息弱势问题是在弥补经济史中对委托人弱势形成的原因解释不足的基础上提出的，由此所形成的货币信息弱势理论包括货币信息弱势的含义、成因和信息剩余化解思路等成为理解师生信息力量对比的独特视角，是全书的理论基础。

货币是财富的代表，商家把客户奉为上帝，经济学家说，货币的发明极大地促进了交换和经济发展，货币是商品的选票。这些都是对货币巨大力量的肯定。然而，在现实的社会经济中并非总是如此，货币还有它软弱无能的一面，并由此演化出了一大类的问题，即委托—代理问题，这种问题从信息力量对比的角度看缘于货币所有者的信息弱势地位。

经济史中重要的经济学家均对股权等委托人弱势形成原因有或多或少、或深或浅的论述，归结起来，主要有：代理人与委托人利害关系不同，代理人对委托人的利益关心不够；代理人与委托人信息不对称，代理人处于信息优势地位，委托人则处于信息劣势地位；代理人具有经济人属性，在经济活动中本能地从自己的利益出发，自然容易忽略委托人的利益，甚至代理人成为机会主义人，损人利己，这比经济人对委托人的损害更为严重，因为经济人只是自私自利，而不损害他人，机会主义人则会以损人来利己；外部世界的不确定性，使得契约不完全，委托人无法与代理人签订一个有关双方责权利规定的完美的合同。这些原因没有深入分析为什么委托人处于信息优势，而代理人处于信息弱势，本书从货币信息与其转化成的实物信息不对称角度谈股权弱势或更一般地说是委托人弱势的原因。

委托—代理关系无时不有，无处不在，经济学家致力于探讨如何在委托人和代理人之间进行利益分配及风险配置，如何使代理人尽心尽力地工作，同时也涉及这种不对等关系产生的原因。

尤金·法马和迈克尔·詹森在《所有权与控制权的分离》中认为，由于契约的签订和履行需要成本，因而产生了代理成本问题，代理成本包括在利益冲突各代理人之间建立、监督和组合一系列契约关系的成本，还包括契约实施成本超过收益而造成的产值损失。

迈克尔·詹森和威廉·梅克林在《企业理论：管理行为、代理成本与所有权结构》中，把代理关系定义为一种契约，认为在这种契约下，一个人或更多的人即委托人聘用另一人即代理人代表他们来履行某些服务，包括把若干决策权托付给代理人，如果这种关系的当事人都是效用最大化者，就有充分的理由相信，代理人不会总以委托人的最大利益而行动，委托人通过对代理人进行适当的激励，以及通过承担用来约束代理人越轨活动的监督费用，可以使其利益偏差有限。

奥利弗·威廉姆森也曾假设为经济学家赞同的有限理性，有限理性指个人面对巨大信息费用时保持完全理性的能力是有限的。还假设了机会主义，机会主义指使用诡计寻求个人利益。

艾伦·施瓦茨在《法律契约理论与不完全契约》中指出，必须解决由以下原因引起的契约的不完全性问题：语言的限制、疏忽、解决契约的高成本、由信息不对称引起的或弱或强的不可缔约性、喜欢合作的倾向。

他们所谈到的原因可主要概括为：①委托人和代理人的效用不同，产生了利益分化。②机会主义作祟。③委托人的有限理性，代理人内部控制。其中，利益分化可看作委托人和代理人关系不对等的最深的基础，具有机会主义是前提，代理人内部控制也就是信息优势是不对等关系最终实现的手段。经典作家所说的代理人一般都是指企业的经营者，其信息优势是相对于股东和其他外部投资者而言的，那么，这样的代理人即非货币所有者为什么会有信息优势呢？所给出的只是内部决策、内部控制、信息不对称等词语，并没有对双方的信息力量对比进行进一步的细究，本书指出货币的信息弱势地位、揭示这种弱势地位之所在，为代理问题作一个独特的解释，在本书中把学生视为委托人，把教师看作代理人。

第二节　货币信息弱势的表现

货币信息弱势存在于各种各样的代理问题中，集中表现为委托人利益受到代理人侵害。

一　代理问题的广泛性

在现代经济社会，人们广泛分工合作，以各种各样的关系把彼此联系起来，如买方和卖方关系、雇主和雇员关系、律师和当事人关系、保险人和被保险人关系、贷方和借方关系、教师和学生关系，等等。在这些关系中，总有一方拥有较多的相关信息，处于信息强势地位，称为代理人；而另一方则占有较少的信息，处于信息弱势一方，称为委托人，这就形成了双方信息不对称的委托—代理关系。代理人作为机会主义的经济人，极有可能抓住这一点去损害他本应为之服务的委托人的利益，这就是代理问题，并且分布广泛，可以说，哪里有合作，哪里就有代理问题。在上述关系中，对应不同的条件，每一方都有可能成为委托人或代理人，其身份并不是固定的。在现代经济社会中，竞争日趋激烈，应对的一种手段就是分工细化，因为分工可以提高质量和效率，这样也就可以为客户提供更加精细的服务，那么随之而来的就是委托—代理关系的复杂化。

这类委托—代理问题危害也是深广的，它增加了交易成本，阻碍了要素合作，严重时还会导致市场坍塌。委托—代理问题又一次诠释了市场机制的局限性，即人们在追求自身利益的同时并不能实现他人和社会的利益，这对于市场主体或市场条件下的企业内部各主体来说都是一样的；管理的必要性也再一次凸显出来，即市场不能自发解决的问题靠自觉的制度安排来解决，使人们一方面享受分工的好处，另一方面又制约了合作中的弊端。

二　代理问题的根源

(一)　代理制度及其风险

现实中的代理问题特色各异，但有一个共同点，就是都体现了货币的无能，即交易中的货币所有者会成为信息弱势者，委托人以向其代理人支付货币费用的方式无法使低信息能量的货币对高信息能量的代理人的复杂行为进行控制，这是代理问题最深刻的根源。现在结合法学理论中关于代理的详细界定谈一谈各种代理的风险与货币信息弱势的关系，说明各种代理的法律后果的货币信息弱势根源，这是一个经济学和法学相结合对问题进行分析的尝试。

1. 代理制度

在法学理论中，存在一个代理的公开原则，公开原则是指代理人进行代理行为时，应该以一定方式使相对人知悉其所做的意思表示的法律后果不是由他自己，而是由其被代理人承担，公开的方式并不仅限于"明确"地以被代理人的名义行为，"如果情况表明他应是以被代理人的名义做出"即可，根据公开程度的不同，公开原则又可分为显名代理与隐名代理，所谓显名代理是指代理人明确地以被代理人的名义发出或者接受意思表示，而其法律效果直接落实到被代理人的法律行为，即一旦一个人根据他人的同意并以他人的名义展开其行为，则该行为拘束其被代理人[①]，这意味着：第一，被代理人同意自己被代理；第二，代理人享有代理权；第三，代理人以被代理人的名义行为；第四，被代理人与第三人是合同当事人，代理人不是合同当事人；第五，被代理人承担法律后果。

2. 代理制度的风险

这种制度安排里面存在着一系列的风险：

第一，被代理人的风险。被代理人在支付了代理人的代理费用后，代理人很可能对被代理人的真实意思发生曲解、隐瞒、夸大和增

---

① 尹飞：《代理：体系整合与概念梳理》，《法学家》2011 年第 2 期。

加等信息失真性处理，以达到自己在其中的不正当利益；关于代理行为性质，有一种被代理人行为说，认为只有被代理人才想在法律上从事该行为，拟制代理人发出的意思表示是被代理人发出的，主张代理人只是被代理人私法自治意思的载体，被代理人正是借助代理人才发出或者接受意思表示，这种被代理人行为说完全抹杀了代理人意思存在的余地，与客观事实不相符合，代理人不是木偶，不是机械的传话筒，不是被代理人的手足，他是一个具有自己特殊利益的、具有主观能动性的现实环境中的立体性有机体，我们必须区分代理与传达，而且按照这种被代理人行为说，在代理行为出现意思表示瑕疵、主观的善意恶意等情况时需要考察的是被代理人，而不是实际表意人即代理人，这样做起来困难重重——在场的代理人不被考察，却考察缺位的背后的被代理人，技术上难以操作，道理上不通，可现实中又确实存在"教唆犯罪"问题，这种被代理人行为说似乎遵循了"教唆可能性逻辑"，如果这样，这种学说倒也算是有一定的客观依据，所以，这种被代理人行为说如上分析虽然漏洞百出，但现实仍有判例，这加强了被代理人的风险；"表见代理"产生的法律后果与有权代理一样，均由被代理人承担，这同样加重了被代理人的风险。

第二，相对人的风险。面对代理人对被代理人真实意思的篡改，相对人无法或难以鉴别，由此面临遭受损失的可能性，即使法律支持相对人的追索，能不能成功、能够在多大程度上追索成功还是一个未知数；尤其是在"表见代理"的场合，相对人利益更加没有保障，表见代理是一种特殊的无权代理，它起因于被代理人的过失或被代理人与无权代理人之间存在的特殊关系，如血缘关系，使相对人有理由相信无权代理人享有代理权，并与之为民事法律行为，代理行为的后果由被代理人承担，表见代理中的代理人是没有代理权、超越代理权或者代理权终止后的无权代理人，他以被代理人名义进行的民事行为在客观上使第三人相信其有代理权，也就是说，在表见代理的情形中，无权代理人并没有获得授权，相对人主观上也是善意、无过失的，无权代理人与相对人所订立的合同本身并不具有无效和应被撤销的内容，这样给相对人造成的损失，被代理人肯定比正常代理更加不情愿进行赔偿。

第三，代理人的风险。有时代理人对其被代理人真实意思的改变并不是出于主观故意，而是代理人个人的理解和认识能力所限，或由具体情境和对其被代理人的整体状况了解不够所造成，这种情况若造成相对人的损失，被代理人在向相对人进行赔付后，还会向代理人进行追究，还有一种可能是被代理人明知代理人确切代表了自己的意思，但面对利益问题仍然否认这一点，这种情况也会造成代理人承受风险。关于代理行为性质，有一种代理人行为说，该学说认为，实践中代理与否以及代理的意思表示完全由代理人决定，自然代理是代理人自己的行为，虽然代理行为的效果应当归属于被代理人，但不能因此把代理人与被代理人混同，该行为之所以对被代理人发生法律效果直接归属的效力并非因为代理行为是被代理人的行为，而是因为代理人以代理权为基础，以及代理人进行代理行为时表明了代理意思，也就是说，法律为尊重代理人的效力意思，所以使其行为对被代理人产生效力，这种代理人行为说加强了代理人被他所代理的人进行损失追索的风险。

以上各种风险都是因为"意思"和"法律效果"的不同，在法律行为中意思表示的表意人与法律效果的承受人之间存在经常不一致的现象，代理人所表达的意思和被代理人的真实意思可能一致，也可能不一致，但在法律上只要认定了他们之间的代理和被代理关系，法律判决一般就注重其法律上的权力关系；契约当事人在权利义务关系上所自由创设的合意和履行行为的时空分离与各自独立是债务或者说合同制度存在的前提，其中蕴含着我们所分析的各种风险，而法律认为，自己的公开原则就能够解决这些风险，如相对人的同意作为前提足以保护相对人的利益、授权足以保护被代理人的利益以及代理人公开其代理意思，则其行为后果就可以直接由被代理人承担，就可以有效阻止交易风险对代理人的影响，而从经济学等角度看，或从客观真实的角度看，那种法律判决可能是不合理的，所谓公开原则规避风险的功效是掩耳盗铃式和画饼充饥式的自欺欺人，事实上，风险问题根本没有解决。从经济学看，需要强调的是，这些风险都是由把各个主体串联起来的货币的信息局限性导致的，正是因为货币的信息局限性，它不能为被代理人全程监视代理人的内心和行为，也不能让相对人看透代理人的意思与被代理人意思的区别，还无法使善意代理人本身获得被代理人的完全真实意思表示，所以货币作为整个市场经济有机体的筋络和大动脉也因此再现了不只是委托—代理这一具体市场制度，而是整个市场经济制度的局限性。

（二）信息不对称的进一步诠释

1. 政府对市场信息不对称的校正

由此认识到市场并不是万能的，在市场和政府的关系中，政府才是主动的、在先的、主导的，是政府在利用市场，而不是市场要利用政府甚至撇开政府，两者并不是平起平坐，政府考虑的是国家宏观的总体利益和长远利益，市场想的是微观个体利益，宏观是要领导微观的，虽然无论是资本主义国家，还是社会主义国家，在当前时代背景下，它们并不会因为国家和政党意识形态的重大差别而成为朋友或敌人，它们都是国家利益至上，但在每一个国家内部，却在分配、社会各阶层地位、社会运行体制和社会运行方式等方面有明显不同，资本主义国家在任何时候总体上遵循的都是资本的利益，而社会主义国家按照社会主义原则遵循的应该是劳动者的利益。

我国改革开放以来，社会上出现重视资本、轻视劳动，资本的社会地位高过劳动者的社会地位的现象，这是中国特色社会主义市场经济引进私人资本发展社会经济所带来的负面效应，对于社会进步有害，应该引起高度警惕，在制度设计和政策方针的制定上应该随时注意提高劳动者的收益比重，不断防止和解决两极分化问题。

围绕着政府和市场的关系，西方经济学也看到了市场机制的局限性，如外部性问题、公共产品供给不足的问题、分配不公平的问题、信息不完全的问题、垄断阻碍竞争而损害消费者的问题和经济危机问题，等等，他们以此给出了政府干预的必要性，政府应该采用财政政策和货币政策等工具进行宏观调控，以保持经济的总体平衡和资本主义制度的稳定繁荣。其实，这样的思路即使强调了政府的重要作用，也还是没有科学认识到政府和市场的正确的客观的关系定位，不是市场出了问题才要政府帮忙，政府听命于市场，而是政府发展和扶持市场。从历史上看，政府存续的时间比市场要早得多，资本主义的产生也是借助政府的强力推动、保护和支持。

马克思说，资本主义从其诞生，从其来到世间，每个毛孔都滴着血和肮脏的东西，它建立在对劳动者血腥抢劫的原始积累基础之上，强制地把劳动者束缚在其血汗工厂中，每有工人逃脱后被抓回工厂，得到的将是惨烈地在其脸上刺字和割耳等暴行，随着资本主义生产力的发展，工人逐渐丧失其完整独立的制作技能，逃出工厂后也不再能够制造完整的产品，从成本上也竞争不过资本廉价的大工业产品后，资本主义才以其饥饿的皮鞭代替了它那有形的皮鞭，把工人牢牢地拴在了机器上，随后为了资本的利润，不断改变剥削的形式，政府更是成为资本的帮凶随时关照着资本利益。

2008 年国际金融危机爆发后，政府在税收和补贴等方面大力扶持资本，而大量的失业工人只能得到勉强生活的水平。资产阶级新自由主义经济学家在政府和市场的关系问题上走得更远，他们认为，外部性等市场失灵问题的解决根本用不着政府干预，政府的干预会使失灵问题更加严重，甚至增加新的问题，使没有失灵的领域也可能因此而失灵，垄断等问题是市场本身作用发挥不够所导致的，通过市场的进一步发展必然能够得到克服，如外部性问题可以通过明晰产权关系而内部化，谁造成的问题由谁承担，根本用不着政府进行高税收等手段干预，垄断问题也不一定导致资源配置的低效率，只要资本没有操作控制的垄断行为，哪怕只剩下一家在经营，也就可以肯定它的运行的正常性，公共产品也可以由私人来高效率地提供给消费者，分配不公的问题可以通过二次分配和三次分配得到解决，信息不完全的问题也可以通过进一步的市场制度的设计来得到克服，以上新自由主义的说辞无视世界社会经济中如中国政府调控取得重大成就的生动实践，也是对市场机制客观局限性的视而不见，市场机制在提高市场主体经济活动的积极性主动性等方面确实表现良好，但在资源宏观整体配置、公平分配和社会进步方面有其本身内在局限性。

政府干预也不是万能的，也存在滞后性和寻租等严重问题，但政府在资源的宏观整体配置、公平分配和社会进步等方面确实责无旁贷。总之，政府和市场要各自找准自己的位置，形成合力，才能促进社会资源的高效利用和绝大多数人得到经济社会发展实惠的社会进步。①

需要注意的是，我们不能仅仅得出政府和市场协同互补、辩证统一的结论，而是更要看到政府对市场的高站位、看到政府对市场的指导和导向作用，政府和市场并不是平起平坐的关系，没有宏观的良好环境不可能有市场经济的有序运行，没有国家利益就没有个体利益，社会经济的任何状况都是客观规律和人们主观运用的结果，一旦基于国家强大和社会进步的合理的宏观政策制定之后，在微观领域就要充分放权，发挥市场机制的最大力量即市场的决定性作用，但这不等于再也不要政府干预，而是对政府干预提出了更高的要求，在市场决定性作用的经济微观机制确定的条件下，政府干预更要站得高看得远。

2. 隐名代理的信息不对称

法学理论中代理的公开原则还有一种是隐名代理，这种代理风险也可以从货币的信息弱势地位探查到其根源，隐名代理是指代理人未以本人之名义为法律行为，而实际上有代理之意思，且为相对人所明知或可以根据当时的具体情境由推断而知者，也可以是发生代理之效果的公开代理，这样使用企业名义的雇员、商场售货员和在公司信笺上发出意思表示而仅仅签署了自己姓名的公司某一个人等的行为都被视为企业、商场和公司的代理人，其行为即代理行为，即商行为，这种代理行为可以自始至终不必申明被代理人的姓名和具体身份。

隐名代理还有一种"保留被代理人"或曰"效力及于行为人的公开行为"这一代理类型，也就是说，代理人进行代理行为时虽然表明了其代理人身份，但不表明被代理人姓名，而在日后的合理期限内再明确告知被代理人的具体身份，如果相对人同意此保留，则适用代理

---

① 杨静：《新自由主义"市场失灵"理论的双重悖论及其批判》，《马克思主义研究》2015 年第 8 期。

规则并发生代理的效果。① 这种代理除具有上述显名代理的所有风险外，最大的风险是被代理人拒绝承认代理人的代理行为，使相对人即第三人遭受损失，当纠纷发生时，被代理人往往把交易说成代理人个人行为，与他没有任何关系，这时相对人的所谓强大的货币选票又选错了人，而且无可挽回。

3. 消费者面临的信息不对称

西方经济学有一种消费者主权理论，认为消费者手中的货币相当于一种选票，就像政治选举一样，赞成谁就把票投给谁，消费者在商品市场中偏好什么商品，就去购买谁的商品；不购买就走开，即"用脚投票"，与股份公司中的举手投票、用手投票相对应。可是，当转换到信息视角，货币的弱势就显露出来了，与它所能够交换到的商品、代理服务比较，货币的信息数量少、容易检验，而且为交易关系中的对方所知晓，它的弱势内含于它的自身，作为社会财富的一般代表，它必须是所有形形色色财富所担负的各种属性的共同之处，那就是无差别的一般人类劳动，在货币身上各种商品只有量的差别，而不能有质的不同，否则商品之间就无法比较和交换，货币天生是为商品交换服务的，这是它的使命，是它生命产生和存续的根本意义，是它的特质所在，如果货币也像普通商品那样具有多种属性，那它就不是货币了，而只能是普通商品世界中的一员，就像它没有诞生之前一样，从普通商品世界中脱颖而出之后，它脱离了普通商品世界属性繁复的低级趣味，在单一价值形式身份上变得纯粹清雅，所以货币具有内在的信息弱势特点，此乃所得即所失、所失即所得之理的又一出精彩演绎，"收之桑榆，失之东隅"，秋叶成泥，来春绽红。

（三）以信息平衡根治代理问题

1. 树立信息平衡思路

解铃还须系铃人，信息差异所导致的问题还须平衡信息才能够得到根治，因此如何平衡交易各方的信息地位就成为本书立论的根本，在师生关系中，教师处于信息优势地位，学生处于信息劣势地位，教

---

① 尹飞：《代理：体系整合与概念梳理》，《法学家》2011 年第 2 期。

师因此可以偷懒而侵害学生获得应有知识的权益，解决这个问题的思路也是平衡双方的信息，本书构筑了一个立体的方案框架，即教师私有信息的起始性化解——轮流挂牌上课制度、私有信息的过程性化解——对象性双向制和私有信息的剩余性化解——教研室团队建设。

美国经济学家奥立弗·哈特的方案虽然具有以信息解决问题的思路，但他的方案是事后的、补偿性的，成本高损失大，而我们的方案是事前、事中和事后全程性的、是预防性的，成本低损失小。

哈特认为，每项合同契约均以对世界的若干事实的设想为基础，某些设想为所有各方当事人所共有，另一些则不然，这样误解就有可能产生，误解可以分为单方误解和双方误解，它们都会对双方和社会产生成本，信息是防止误解的良方，虽然生产信息的成本昂贵，但是有人能以低于他人的成本获得信息，如果合约各方是明智的，就会由信息采集能力较强或采集成本较低的一方承担风险，从而减少潜在误解的共同成本，如果契约各方已经就各自应承担的风险作了分配，而无论这分配是明确的，或按交易习惯的，或按以往方式的，他们的分配方式应得到尊重，如果他们在误解之前没有对风险进行分配，且合约含有分歧，法庭会让信息采集能力较强的一方承担风险，因为法庭重视效率，以此方式分配风险可以降低缔约的交易成本，法庭的这种判决最重要的一个理论上的分类就是区分"双方误解"与"单方误解"，从传统上说，使法庭解除单方误解中的单方的法律义务更为困难，从较大的范围看，区分"共同误解"与"单方误解"具有经济意义，契约双方对相同的一个事实或事件理解有偏差时，要判定哪一方更能有效防止误解，需要详细调查误解的性质以及有关各方的经济作用及处境，谁能够更加有效地防止误解，就把责任判给谁，因为他本可以低成本地防止误解和损失发生却没有防止，说明他在一定程度上具有主观故意、放纵或忽视，危害更大，所以责任更大，看来法律都注重动机问题。但当一方产生误解时，可以合理地假定他比另一方更能防止自己的错误，所以法庭裁决由他来承担法律责任，"鲍泽诉汉密尔顿镜片公司案"是一个很好的案例：案中原告是政府项目承包人，他邀请分包人就生产"可变反射镜"和其他产品进行报价，被告说交了一份生产 1400 个镜片、每个镜片 0.22 美元的报价，原告给被告下了正式订单，从而确认了这项有约束力的合同，订单附有详细说明书和图纸，被告承认收到了订单并生产了镜片，宣称对生产的产品种类理解有误，被告说当他了解到生产的镜片与合约说明书不符后遂通知原告取消协议，原告在时间紧急的情况下向另一个制造商购买了镜片，并向法庭起诉，要求被告补偿其最终购价与同意付给被告原款之间的差额，被告不服，法庭支持了原告，理由是被告的误解不能成为解除合约义务的正当理由，并裁定单方误解只有在对方所知的情况下才能免除责任。案件中被告本来只要细读说明书和图纸就不会出错，原告虽可通过获取专业知识、监督被告阅读合约以及定期检查等手段使产品的生产符合合约要求，但此举成本高昂，所以将违约责任归于违约方，这种解决方案还是给原告造成时间耽搁损失，而本书所提出的全程性的信息平衡思路和方案则能够使问题及时化解，避免这样的损失，因为这种全程模式可以使契约各方随时沟通，不容易造成因时间延长而造成沉淀性成本，沉淀性成本是指一个代价付出了，为了后面的过程而需要继续付出的更多更大的成本，上面案例中的原告如果能够设计一套信息跟踪式的全程性方案，就会避免时间被耽搁的损失。

有一种情况可以保护单方误解立约人，即当其错误为对方知晓或有理由知晓时，长期以来此情形的单方误解人可获免责，尽管另一方没有出现与立约人相同的误解，有的合约误解本来是一方的误解，而另一方分明知道或有理由知道出了偏差却没有及时以较低代价给以纠正，误解方于是被解脱责任，即无须履行任何针对知情方的合约义务，假设投标人标书的书写计算有错误，并且错误很明显，或可因其与其他标书有异而可以被推导出来，发标人却没有指出投标人的错误，那么投标人即可获准撤回标书而无须赔偿。适用的案例还有：甲以书面形式向乙递交了一份合约建议稿，而且后来知道了乙对建议稿的理解有误，假如乙接受合约建议后发现了自己的错误，则乙可解除其合约项下的义务而无须向甲进行赔偿。还有此类的情况是报价过于优惠而失之真实，收到报价的一方不能喜出望外，好像自己就要发大财了，因为即使报价被他所接受，报价人仍可将其撤回并且不对他进行赔偿，原因是他应该知道这样的报价是不合理的。① 这样的处理虽然还是不能和本书提出的全程模式相等同（全程模式的信息跟踪是合约历时性的，这里的"一方误解，另一方知而不语"是事件式的、是点式的），但还是具有效率意义的。

2. 对货币信息弱势的把握

需要强调的是：

第一，这种货币的信息弱势地位与货币持有者是买方还是卖方无关。在买方与卖方的对立中，有时买方处于信息优势地位，如买方对交易物更加了解，卖方知道得却较少，以至于非常便宜地卖出了具有很高价值的东西，但人们一般认为卖方处于信息优势地位，因为卖方最清楚其商品的质量，买方作为出资者往往吃亏。在保险市场上，卖方是保险人，买方是被保险人，被保险人拥有较多的私有信息，如自身的健康状况、注意程度等，而保险人在选择投保人和被保险人时就比较被动。但在出险理赔环节上，投保人和被保险人作为出资者和买方又往往因为相关知识不足等而转到弱势地位。在信贷市场上，贷方是卖方，借方是买方，借方的资信如何、偿还能力怎么样、项目赢利与否，借方最清楚，在这种市场上，借方即买方遭遇对方机会主义的概率一般反倒比较小，贷方，也就是资金的卖方作为货币所有者没有认知优势，所以承受较大风险。在雇主和雇员的关系上，雇主相当买方，雇员相当卖方，在工资支付数额及方式等问题上，雇主往往有更多的主动权，但雇员有时也可能高报自己的能力，使得出资者雇主不辨真伪。在律师和当事人的关系中，虽然不排除服务的购买者当事人向其代理人隐瞒信息的情况，但律师作为卖方，是知识服务的出售者，有高度个人化的知识优势，他的信息载体就是其头脑，属于无形信息，他只可激励，极难监督，买方作为出资者往往处在弱势地位。

在这几组经济关系中，买方和卖方随不同条件有时处于优势地

---

① 奥立弗·哈特等：《现代合约理论》，中国社会科学出版社 2011 年版，第 119 页。

位，有时处于劣势地位，其中的概率不同，但这些复杂无序的现象中都有货币投入者处于被动的劣势地位的情形，这体现出了货币在信息问题上弱者的一面。

第二，这种货币的弱势地位与买方市场还是卖方市场无关。买方市场是供大于求的市场，卖方市场是求大于供的市场。在供大于求的买方市场上，卖方之间竞争激烈，他们竞相出售，买方虽然拥有讨价还价的优势，但交易最终也要落实到买卖双方的具体关系中，仍然会有买方信息弱势的问题。在供不应求的卖方市场上，买方之间的竞争变得激烈起来，他们竞相购买，作为货币所有者的买方失去了讨价还价的优势，在与卖方对立关系中，关于商品质量的信息弱势地位的可能性就更大了。其中的竞争状况并不只反映在价格的升降上，也表现在商品或服务的质量的高低上。

周振华等把买方市场和卖方市场划分为三个层次，即总体意义上的买方市场和卖方市场，是从市场总体的角度对市场性状的判断；局部意义上的买方市场和卖方市场，这是从市场上不同商品的角度对市场性状的判断，在任何情况下，总有部分商品的市场性状与总体意义上的市场性状处于不同态的错位中，在总体意义上的买方市场下，仍有一部分短线商品处于卖方市场，在总体意义上的卖方市场下，也必然有某些商品处于买方市场，这是产业结构和消费结构的不协调所致；个体意义上的买方市场和卖方市场，这是从单一即商品角度对市场性状的判断，任何商品的生产和消费，因时间和空间上的集散性，都会出现错位。这一划分富有启发，但从货币信息弱势角度看，具有意义的只是个体意义上的划分，而且在个体意义上，一般只有卖方市场，而无买方市场，即非货币所有者拥有信息优势。

第三，货币的信息弱势地位与竞争性市场仍是非竞争性市场无关。竞争性市场和非竞争性市场是根据供给者之间的竞争程度划分的，竞争性市场可以给消费者带来较多的实惠，这时，供给者为了增加销售，在市场竞争的外在压力下，难免主动化解一些私有信息，如使原本很高的定价降下来，提供质量更好的商品和服务，但即使如此也难以排除消费者在商品信息问题上的弱势地位，消费者一旦决定购买某种商品，围绕商品的各种信息还是呈现出一种模糊状态，只有碰运气，只有生产者才最清楚其产品的属性。其他的市场形态，从垄断竞争、寡头垄断到完全垄断，竞争度越来越低而垄断程度越来越高，导致供给者的私有信息越来越严重，消费者渐次走向市场"黑箱"，货币选票的权利越来越没有保障。

第四，货币的信息弱势地位与货币的历史形态无关。货币自其诞生须不断变换自己的形式，同时也无时不伴随着货币的欺诈。真正的货币是从商品世界中分离出来的固定充当一般等价物的特殊商品即贵金属金银；这种货币在商品交易中每次都要称重量、看成色，比较麻烦，降低了交易效率，于是出现了铸币行业，把自然的金银条块铸造成一定的分量，标明其成色即含金量或含银量，铸造者收取一定的加工费，这样交易时就可以交付现成的货币，节省了交易时间，提高了交易效率；铸币的问题是随着使用次数的增多，铸币不断地受到磨损，变得与所标注重量不符，由于执行流通手段职能的货币只是一个中介，它的磨损所导致的分量不足并不影响其流通手段职能的发挥，所以并不在乎铸币是不是足值，只要大家认可就行，只是为了便于携带，纸币才代替了铸币；纸币是由政府的力量强制执行的货币符号，撇开纸币材料的价值，它是没有任何价值的，但在强制力下它仍然是社会财富的一般代表，是人们追逐的对象；随着经济规模的扩大，纸币的携带保管等也出现了不便捷的低效率问题，配合信息技术的发展，电子货币应运而生，电子货币作为现代科技和现代金融业务相结合的产物，是一种代表现金的无形的数据。无论哪一种货币形式，在历史上和现实中都上演了或正在上演着无数被欺诈的故事。

第三节　货币信息弱势的原因

为什么在交易中的货币持有者一方往往会成为信息弱势者呢？要理解这一点，首先就需要换一个角度看待交易或交换，即从信息的角度来看待，并以比较货币和交易物所含信息特点的方法得到答案，下面所提到的交易都是指以货币为媒介的交易。

一 看待交易的一个新的特殊角度

到底从哪个角度看待商品交换，其中有历史发展阶段的限定，也有研究者总体研究目的的框定，传统上人们把交易看成物品间的交易、效用的交易、价值的交易、产权的交易，这些分析角度对交易都有其特殊的解释力，但我们认为，应从信息交易的角度对交易进行新的解释，才能理解货币的信息弱势现象。

（一）看待市场交换的传统视角

1. 把市场交换看成是物品间的交易

市场交换就是一定量的一种物品和一定量的另一种物品的交换，这是最直观的现象和看法。《易·系辞下》说："日中为市，致天下之民，聚天下之货，交易而退，各得其所。"它可以说明社会分工的后果和限制因素。亚当·斯密说，分工一经完全确立，一个人自己劳动的生产物，便只能满足自己欲望的极小部分。他的大部分欲望，须用自己消费不了的剩余劳动生产物，交换自己所需要的别人劳动生产物的剩余部分来满足。于是，一切人都要依赖交换而生活，或者说，在一定程度上，一切人都成为商人，而社会本身，严格地说，也成为商业社会。反过来，交换或市场范围又限制分工发展，如果市场狭小，就不能鼓励人们专务一业，因为在这种状态下，人们不能换得自己需要的他人的劳动产品。物物交换的时代，人们追求对方物品的使用价值，或者说物物交换主体是为了得到第三种或第四种商品，而不得已进行的周折。这时还没有交换的媒介货币，因此也就谈不上货币的弱势地位问题，其实，交换双方货物的信息复杂度是大体相当的，这种市场交换就是一定量的一种物品和一定量的另一种物品的交换的看法是历史的视角，着眼于商品交换发展的特定历史阶段。

2. 把市场交换看成是效用的交易

效用不同于客观的使用价值，是一种主观感受和评价，即消费者在消费某种商品时所感受到的满足程度，把交易看成效用的交易，是从交易目的角度说的，人们总是以自己认为效用低的物品去交换自己认为效用高的物品。效用论解释了需求曲线背后的统一的消费者行为，消费者从效用最大化出发，在基数效用论的边际效用递减规律作用下，总是设法使自己花费在各种商品购买上的最后一元钱所带来的边际效用相等；在序数效用论的边际替代率递减规律的作用下，消费者所偏好的两种商品数量之比，应该等于市场上的这两种商品的价格之比。基数效用论和序数效用论对消费者行为的解释殊途同归，说明了消费者一致的均衡条件。效用既然是主观的东西，无论支付多少货币都可以说是合适的，只要购买者满意即可，很难说谁吃亏或占便宜，也难说谁处于优势、谁处于劣势。西方经济学的效用论体现了其经济学的效率原则，或称为最优化原则或最大最小原则，即消费成本一定时，所获得的效用最大，或效用一定时所付出的成本最小，这只是一种标准原则，现实很难实现，而且这种效用论即使是在理论上也有一些事情是无法解释的，如对于这样的问题"为什么水的效用很大，但价格很低，钻石的效用很小，但价格很高"，它就难以自圆其说，而劳动价值论却可以给出令人信服的解释：就使用价值来讲，水对于人的生命而言不可缺少，它在自然界含量丰富，人们能够以较低的成本对它进行加工处理以满足生活或工业用水的需要，其中所包含的劳动量较少，所以相对来说是比较低廉的，钻石并不是人类的必需品，但是它在自然界含量少，而且其开采加工成本高，其中所包含的劳动量较高，所以钻石的价格较高。另外，最优化理论就其本身来讲也存在问题，它实质上讲的并不是效率这样的相对量，而是使用微积分进行分析的一种绝对量，有研究者认为在利润函数中，除盈亏平衡点之外，利润率最大化时的产量与利润最大化时的产量并不相等，而生产要素的完全流动，不仅意味着任意数量的各种生产要素可以以利润最大化为目标组织生产，也意味着可以以利润率最大化为目标组织生产，如果把利润最大化时支出的成本再改为按利润率最大化为目标组织生产，在存在利润的条件下，只要 AC 曲线呈"U"形，对完全流动的生产要素进行重组，则总是可以赚取比最大化利润还大的利润，原因就在于最大利润率总是大于利润最大化产量时的利润率，这说明利润最大化原则并不满足效率（利润率）最大化原则，最优化并不最优，只有资源不能流动，最后剩下的零星少量资源按 MR ≥ MC 原则配置才有必要，微观经济学最优理论存在的这一重大缺陷，根源于对最优化概念和效率概念内涵的错误理解，根源于对微积分中求极值概念的误用，错把微积分中求取绝对量极值等同于经济学中要求取的效率概念相对量性质的极值。①

3. 把市场交换看成是价值的交易

把交易看成价值的交易，是就交易基础而言的。不同的商品具有性质上的区别，无论从效用，还是从使用价值看，都具有不可比性，那么又为什么能够交换呢？这就是交换的基础问题，马克思主义经济学认为这个基础就是商品的价值量，也即无差别的一般人类劳动量，它使不同质的东西可以进行量的比较，进而实现交换。马克思从劳动价值论出发论证资本主义剩余价值论，说明资本主义经济的实质是表面平等，实质不平等，在商品交换的流通领域，"一手交钱，一手交货"，自愿平等，没有任何强迫，但是如果资本购买到了劳动力这种特殊的商品，问题就来了，劳动所创造的新价值大于资本所付给的劳动拥有者即劳动力的那个等价工资，工人所创造的是 v + m，即相当于工人工资的部分和剩余价值部分之和，而工人得到的只是 v，即工资部分，而剩余价值 m 部分就装进了资本家的腰包之中，这就是资本剥削的秘密，是一种形式上的平等和内容上的不平等。这种价值交易理论说明了交换双方的商品价值量相等，同样没有人吃亏，也没有人占便宜，但它也无法表明在流通领域直接交易的场合交易双方地位的差异。本书的这种评论一点也不是要贬损劳动价值论，恰恰相反，本书崇敬马克思劳动价值论的科学性及深刻性，只是要换一个角度看待交易，进而说明货币信息弱势理论，才围绕信息问题给出了这样的评价，其实对每个问题的看法都有无数的视角，到底采用哪种视角，就看研究的需要了，而到底有什么样的研究需要又有时代特点的问题，马克思奋战在劳资矛盾激化的时代，他作为劳动者的代言人，从资本主义必然灭亡的历史发展的必然趋势上进行研究，是符合一个学者和

---

① 《微观经济学最优化理论的重大逻辑缺陷》，《新微观经济学博客》2011 年 4 月 1 日。

一个革命导师的研究逻辑的，今天，历史规律性的东西并没有改变，但随着资本主义生产关系的调整，劳资矛盾在很大程度上得以缓解，人们的研究更多的是着眼于社会经济的发展，而不是整个社会制度的更替，也正是在这样的时代背景下，才有了本书关于商品交换的信息视角。

4. 把市场交换看成是产权的交易

交易是物品或服务之间的交换，更是权利的转移。产权交易是交易的实质，不同商品的交换也就是包含在商品中的财产权利的交换，这种财产权利的交换可以是所有权的让渡、占有权的让渡或使用权的让渡，通过产权交易实现了商品权利的完全交换或者仅是实际控制权的交换或者仅仅是商品具体使用权的交换。西方产权经济学家关注对于商品产权的细分、界定和交易，研究的目的在于说明产权对经济效率的影响，其中既有社会宏观经济效率问题，也有微观经济效率问题，如现代西方产权理论鼻祖罗纳德·哈里·科斯（Ronald Harry Coase）的产权理论先是革新了传统经济学对企业内部组织结构和交易活动采取忽视态度的做法，认为企业并不是事先存在的，有其自己存在的原因和边界，把企业结构看成市场交易费用节约的替代物，当然如果企业规模大到其内部的交易费用超过了市场外部的交易费用，企业就会被市场取代，在企业和市场的交易费用相等时，就实现了企业和市场的"双赢"即双方效率；科斯的社会成本理论的一个重要任务就是要解决经济的外部性问题，他认为市场经济的问题可以用市场的方法来解决，而无须政府的"有形之手"，通过产权的明确界定就可以解决外部性问题；偏于交易费用研究的奥利弗·威廉姆森（Oliver Williamson）把资产专用性和相关的机会主义等作为决定交易费用的主要因素，还提出了企业内部科层结构，尤其是 M 型假说；偏于产权研究的哈罗德·德姆塞茨（Harold Demsetz）和阿门·阿尔伯特·阿尔钦（Armen Albert Alchian）认为，企业的本质是一种合约结构，企业之所以产生主要是由于单个的私产所有者看到进行合作生产、由合作生产的总产出要大于他们分别进行生产所得出的产出之和，这样，每个参与合作生产的人的报酬比他们分别生产时所获得的报酬更高，他们提出了企业是一个团队组织，企业的权利结构是由团队组织构成，团队组织带来的产权效率应大于单个私有产权主体的效率，类似于"1+1>2"的道理①；约拉姆·巴泽尔（Barzel）一改以前的产权经济学家从整个商品谈论产权问题，变为从商品的属性方面来分析商品产权，根据属性产权界定、主体等来确定利益分享的制度，就能够提高经济效率，避免偷懒等低效问题。西方产权理论将经济问题分析的焦点集中到产权和制度方面，认为产权的界定和产权的安排形式对经济交易具有重要性，这比以往资产阶级经济学家在既定制度前提下对问题的分析更具有深刻性，当然他们的产权和制度调整还是在保持和繁荣资本主义制度的前提下进行的，不过我们批判地加以吸收其研究成果对于我国国有产权改革还是具有借鉴意义的。权利交易说有涉及交易双方的权利地位问题，但它是就权利谈权利，而没有追究这种不同的地位背后的货币信息弱势问题。

（二）看待市场交换的新视角——信息交换

商品和商品交换或者说商品和货币交换还可以看成信息交换。因为交换需要信息，交易主体必须尽可能多地了解交易机会、商品质量、价格等，只有建立在足够信息基础上的交换才能促使成本最小化和收益最大化，所以说交换也就是双方所掌握的信息的交换，谁掌握得信息多，谁就能在交易中抓住主动权，就能以有利于自己的条件成交；反之，掌握信息少，就容易在交易中遭受损害。这一点容易被人们所忽视，其实恰恰是商品交换的更深一层的本质，恰恰具有其他对交易的看法所不具有的独到的解释力，即对货币信息弱势的解释力。

二　货币与交换物的信息特点差异

商品和货币的信息含量及其性质差异在于商品包含的信息多，包括商品的质量、成本，等等，不一定具有均质性，且大都是商品所有者的私有信息，属于半透明或不透明的灰色或黑色信息，商品的信息不容易验证，而且验证成本高；而货币包含的信息少，主要是个多少

---

① 何维达：《现代西方产权理论》，中国财政经济出版社 1998 年版，第 9 页。

的数量问题，具有均质性，且基本上是交易双方的共同信息，属于完全透明的白色信息，货币的真伪也容易在银行等机构得到低成本验证，而越来越被广泛使用的电子货币更是简化了自己的属性，所以用货币交换商品，就等于是以少量的、不被自己控制的共同信息去换取多量的、被对方控制的私有信息，自然不占优势。

从马克思主义经济学看，商品本来是使用价值和价值的统一体，没有商品和货币的信息差异，货币的产生是经历了一个漫长的历史过程的，货币的产生本来是商品交换和商品生产不断发展的需要，货币是为商品经济服务的，结果却出现了异化，人们热衷于货币这种社会财富的一般代表，为货币而货币，忘记了货币的本分——交换到商品，但却难以搞到手，马克思说，商品爱货币，但货币不爱商品，这更增加了货币的魅力，货币与商品分家后，在信息力量上却受商品的欺压，商品所有者借此侵害货币所有者，货币作为价值的高级形式在信息问题上沦落了，而这也从反面说明了它在商品经济中的无比珍贵，人们不惜以低劣的商品、牺牲自己的信誉也要得到它，社会的进步总是这样，进步的同时伴随着新的问题，货币这种商品经济的宠儿的最终命运是走向其原初——化为乌有，人类将实现更美好的共产主义社会，那里既没有政治的压迫，也没有经济的剥削，人们将各尽所能按需分配，再不用著名的价值插手其间。在货币产生之前，商品的使用价值和价值集于商品之一身，其使用价值由具体劳动创造，具体劳动是具有特定智力体力的劳动者运用具体的劳动工具，加工特殊的原材料，经过具体方法生产出一个特定产品的过程，这个特定产品必然具有多方面的属性，价值则形成于抽象劳动，抽象劳动是无差别的一般人类劳动，撇开了劳动的具体性，所以它的属性是单纯的，它是否被认可只看它是否与社会必要劳动时间相一致就可以，但随着商品交换和商品生产的发展，价值作为商品交换的共同基础越来越要求独立，其完全的独立化就是货币的诞生，那是一个价值的表现形式即价值形式演变的过程，货币产生可分为四个阶段：

（1）简单价值形式（偶然的物物交换），一种商品的价值偶然地表现在另一种商品上，这种价值形式就是简单的、个别的或偶然的价

值形式，其表达形式是

2 只羊 = 1 把石斧

羊是相对价值形式，处于自己的价值要求表现出来的主动地位，羊是劳动的产物，具有价值，但它是不自足的，它无法自己说明这一点，它必须求助于外界的帮助，而斧子是大家认可的劳动的产物，羊和斧子交换，就间接表明了自己是劳动产品的身份，所以斧子是羊的等价物，属于等价形式，处于表现羊的价值的被动地位，但由于这个时代的商品交换只是偶然的发生，人们只在自己消费之外才拿出去和别的物品交换，所以羊是劳动的产物，具有的价值还不能为大家所认同，商品经济的发展受到严重的制约。

（2）扩大价值形式（扩大的物物交换），即一种商品的价值表现在一系列商品上，形式是

1 把斧头

1 匹布

2 只羊 = 50 千克盐

10 克黄金

其他商品

在这种价值形式中，斧头、布、盐和黄金等都是大家公认的劳动的产物，羊与这些东西交换，就在更大程度上表明了自己的劳动产品身份，商品交换和商品生产得到了促进，但交换很费周折，如果羊想与斧头交换，而斧头想与布交换，布想与盐交换，盐想与黄金交换，等等，可能是一个无限长的链条，最终交换失败，只得自给自足，如果恰好黄金需要羊，则羊先换成黄金，再用黄金换成盐，用盐换成布，最终用布交换到自己需要的斧头，非常烦琐，在经济实践中大大阻碍了商品生产和商品交换，商品生产和商品交换就这样缓慢地前进。

（3）一般价值形式，它是以一般等价物为媒介的商品交换，一切商品的价值都表现在从商品世界中分离出来的充当一般等价物的某一种商品上，形式是

1 把斧头

> 1 匹布
>
> 50 千克盐　＝ 2 只羊
>
> 10 克黄金
>
> 其他商品

价值的表现由此发生了质的变化——一般等价物出现了，羊成为价值的化身，它是劳动的产品尽人皆知，所有的商品都与它交换来证明自己的劳动产品属性，商品交换得到长足的推进，人们只要把自己的商品换成羊，就能够以羊这个被普遍认可的一般等价物交换到任何自己想要的商品，但是，羊作为一般等价物还局限于特定的时空里，于是人们又发明了货币，货币是一个发明的问题，而不是一个发现的问题，它是人类社会经济发展的产物。

（4）货币形式，一般等价物固定在贵金属金银上，即一切商品的价值固定地用一种特殊的商品，主要是用金银来表现的价值形式，形式是：

> 1 把斧头
>
> 1 匹布
>
> 50 千克盐　＝ 10 克黄金
>
> 10 克黄金
>
> 其他商品

金银成为从商品世界中分离出来的、固定充当一般等价物的特殊商品。从货币产生的历史过程可见，货币并不是从来就有的，金银也不是天生的货币，货币是商品生产和商品交换及其矛盾的产物，金银最初也只是普通的商品，有其使用价值和价值，在物物交换中也充当过等价物、一般等价物，最后凭借其性质稳定、体积小价值大等特点才取得了固定充当一般等价物的独占权，货币一旦独立出来，就对其母体商品展开了信息战。

以上商品和货币信息含量及其性质差异决定了它们信息的编码、抽象与扩散程度的不同。英国经济学家马克斯·H. 布瓦索在编码、抽象与扩散的程度上对信息进行了区分。信息的编码是一种把信息从数据中提取出来的活动，它对数据进行区分和综合，通过反复使用而获得一种惯性，结果变得难以修改和替代，这种情况虽然在一定程度上形成了制度惰性，但还是可以提高信息效率；信息的编码适合于比较稳定的事物，稳定的事物具有比较固定的结构，便于数据编码这种符号式分类，而昙花一现、瞬息万变的事物则不具有这样的便利。信息抽象不是一种符号编码，而是一种感觉编码，是在涉及哪些分类更好地捕捉感觉属性的竞争性假设中的选择，它通过这种选择来减少类别，进行了节约式的数据处理。信息的扩散是指信息跨越时空界限而成为非个人的知识，社会和经济的交换离开了当地和狭隘的范围，走向普遍性。

根据以上分析知道，并不是所有的信息都可以编码、抽象和扩散，也不是所有的信息都可以在同一程度上被编码、抽象和扩散。商品的信息含量多且易变，如此复杂的信息不容易标准化和规范化，编码和抽象也就比较困难，扩散也受到阻滞；相反，货币的信息含量少且稳定，这样相对简单的信息容易标准化和规范化，编码和抽象也就比较容易，扩散顺畅。这样的情况为机会主义提供了土壤，商品所有者占据有更大的活动空间，可以随机应变，而货币所有者却茫然无知或知道也无能为力，对此有关的社会管理机构也难断是非和奖惩，所以货币与商品进行交换时常会出师不利。六百年前的印刷术使人们能够用自己语言、在自己家里、自己私人时间里读圣经，能够自己判断是非善恶，不必再去教堂听牧师讲解上帝的训示，结果教堂的权威削弱了，今天，光盘和互联网作为印刷术的现代对等物使世界上信息对所有人开放，原本对学生拥有知识优势的教师面临当年牧师的沮丧，但是信息永远具有不同的性质和特点，由此上演的纷争也永远不会消除，这一点不以技术为转移。

货币信息弱势理论对社会问题具有广泛的解释力，如可以增强对人力资本收益分配、保险关系和教育关系等问题的解释力和理解力。这种理论能力来自经济对社会各个领域的渗透性等。对缓解社会矛盾，促进社会经济进步有较大的认识意义和可操作意义。

第四节　竞争性市场中的市场势力

货币信息弱势问题还可以从市场势力角度得到理解，市场势力可以界定为市场上的供给者或需求者获得交易利益能力的大小，一般地，当供不应求时卖方势力大一些，即讨价还价的能力强一些，卖方处于主动地位，属于卖方市场，当供过于求时买方势力大一些，即他讨价还价的能力强一些，买方处于主动地位，属于买方市场，这是从市场态势上对市场的一种划分，但我们这里所讲的市场势力不是这种意义上的，这里所讲的市场势力与供求关系无关，无论是供过于求，还是供不应求，无论是买方，还是卖方（如银行贷出资金，相当于卖出货币，所以货币的所有者不一定都是买方），只要他是货币的持有者，他就会处于市场势力弱者的地位。

这个论题好似一个悖论，竞争性市场通行自由竞争，怎么还会有市场势力呢？传统观点认为，市场势力是指一种垄断性的市场结构，它垄断的是有形的价格、产量等要素，它造成了经济损失和社会损失，如产量受到限制、成本和价格上升、技术进步受阻、收入分配进一步不均、就业水平降低、就业中种族歧视加强、资源利用失当、生产效率低下，等等，这些在竞争性市场中则不会出现。其实，市场势力不仅存在于垄断性市场，而且存在于竞争性市场中，与市场结构无关，这种市场势力就是卖方的信息优势，它垄断的是无形的信息，同样会损害消费者和社会的利益，相对于垄断、外部性和公共产品而言，属于一种新型的市场失灵。

一　新型市场势力的形成及其危害

（一）新型市场势力的形成

从市场态势角度讲，市场可划分为买方市场和卖方市场，卖方市场是指在买卖双方的讨价还价中，卖方占据优势地位的市场；反之，买方占据优势地位的市场就是买方市场，当供不应求时，会产生卖方市场，供过于求时，会导致买方市场。如果换个角度，从信息力量对比的角度看，就不是这样了，在与买方的经济利益对立中，卖方通常拥有更多、更有效的信息，这一点不随市场结构的变化而变化，即使是在完全竞争的市场里，买方最终选择的供应者也还是占有信息优势，这是由于：第一，商品和货币的信息含量的差异。卖方的商品包含的信息多，包括商品的质量、成本等，且大都是卖方的私有信息，而买方的货币包含的信息少，且基本上是买卖双方的共同信息，买方用货币购买商品，就等于以少量的、不被自己控制的共同信息换取多量的、被卖方控制的私有信息，自然不占优势。在普通的商品市场上是这样，在技术服务、劳动力市场上更是如此，因为这两种市场上的商品即技术服务和劳动力与出售主体直接融为一体，其私有信息更难辨明，而对普通商品尚能"货比三家"。在技术服务市场上，如修理业中，技术专业性强，买卖双方的信息地位更加悬殊。在劳动力市场上，劳动者的能力只有他自己最清楚，雇主却是在冒险、碰运气。在资本市场上也是如此，投资者远没有证券公司了解其经营状况和前景。第二，信息集中度不同。对买方来讲，他和卖方的交易往往是一次性博弈，即一锤子买卖，而卖方则是一个反复博弈者，他与不同的买主打交道，在此过程中，积累了丰富的相关信息，为了支付最大化，可以灵活运用各种策略来对付分散的买主，又由于是与不同的买主打交道，无"负面选择激励"，即不担心被作为欺骗者挑选出来，因为互不相识的买主很难及时地进行信息沟通。信息记录制度和重复博弈能够在一定程度上缓解买卖双方信息集中度不同的问题，但也不能从根本上改变问题的性质，因为"铁打的营盘流水的兵"，商品所有者总是少数，商品购买者总归是多数，这样卖方也就稳居较高的信息地位。从系统理论上讲，分散比集中更易于控制，因为分散者之间信息基本上处于不沟通状态，而控制是要基于信息的，分散情境下信息的缺乏必然导致控制的缺失，分散和集中是一种特定时空里的低的或高的容积率，它们没有绝对的意义，只有相对意义，在多变量控制理论中，一个重要的结论是，如果系统是可控可观测的，那么利用状态反馈，闭环系统的极点可以任意配置，因此，用一个集中控制可将极点移至左半平面，使可控系统稳定；而在分散控制的情况下，控制器的结构要受到某些限制，即它用空间上分布的许多个不同的控制器（站）对整个系统进行控制。[1]

保险市场的情况比较特殊，一个想买保险的人比出售保单的人更清楚自己的风险，他知道自己的身体健康状况、风险爱好情况以及对保险标的的注意程度等与保险服务商品是否提供、提供价格等密切相关的要素，而保险人对此不易控制，它甚至出于业务量的考虑而有意回避切实的调查，而只是听凭于投保者的申明，这可以类比上述第一种理由即商品和货币的信息含量的差异得到解释，只是主体信息力量相反，在这里，是买者而非卖者，是货币所有者而非商品所有者拥有更多的信息。不过，这里的买方优势是在签约之前，而一旦签约、出险理赔，两者关系就又颠倒过来，那时保险公司将处于主动、制约性地位，而保户则陷于被动、受制于人的地位，这时投保者是否应该得到理赔、得到多少，都得仰仗保险人的解释，而诉诸法律的成本是巨大的，投保者也缺乏保险的理论、政策和法律等专业知识，一个典型的问题是"意外"的解释，如果一个投保者购买了意外险，他在手术前注射麻醉时出险了，这种情况可否理赔？保险人的解释是不能得到理赔，因为在注射麻醉时他已经签字认可风险发生的可能性，现在风险真的发生了，那就是在他的预料之中，而不是意料之外，所以不属于意外事故，因此不能得到理赔，这样一种后果可以由上述第二种理由即信息集中度不同给以解释，保险公司拥有成千上万保户，接触过无数的案例，当面对某一个保户、某一个案例时，它知道该如何处理，而保户一般是初次遇到理赔问题，缺乏经验，在保险实践中，保险公司一般对保险申请和购买阶段审查不严，使得一些不合保险要求的投保者被售予保险产品，有点"请君入瓮"的感觉，它大概知道在这个阶段对保险购买者也难以做到严格审查，或许还知道并准备严格利用最后的风险防线——理赔，在这个阶段搞一个"瓮中捉鳖"，消费者前期付出了保费，在真正需要保险的关键环节却得不到保险服

---

[1] 李人厚：《大系统的递阶与分散控制》，西安交通大学出版社 1986 年版，第 153 页。

务，这可以说是一种典型的信息差游戏，所以，保险业也有一个诚信的问题，应该主动化解自己的信息优势，让在第一个购买阶段具有购买资格的保户得到合理赔付，短期里可能造成损失，但从其长期收益来看是值得的，同时对于在购买阶段不符合相关要求的投保者明确告知，当然投保者也应当做严肃认真的消费者，不能在消费支出时马马虎虎，更不能抱着侥幸心理在不具备保险购买资格的条件下勉强购买，为日后理赔埋下隐患。

（二）新型市场势力的危害

由信息不对称造成的对消费者和社会利益损害的新型市场势力具体地会产生如下一系列危害，主要有劣币驱逐良币、机会主义和供求失衡等。

1. 劣币驱逐良币

劣币驱逐良币的最初的含义是在铸币时代，当那些低于法定重量或者成色的铸币即"劣币"一旦进入流通领域之后，人们就倾向于将那些足值货币即"良币"收藏起来，最后，良币等于遭到驱逐，市场上流通的就只剩下劣币了，当事人的信息不对称是"劣币驱逐良币"现象存在的基础，如果交易双方对货币成色、重量和真伪都十分了解，劣币持有者就很难将手中的劣币用出去，即使能够用出去也只能按照劣币的实际价值，而非宣称的价值与对方进行交易，不对称信息理论开创者是美国加州大学经济学教授乔治·阿克洛夫，他因此获得了 2001 年诺贝尔经济学奖，他的开创性论文《"柠檬"市场》（在英文中，次品俗称"柠檬"，柠檬是一种外表金黄内瓤酸涩的水果，从外观难以被发现酸涩的真相）讲的就是这个道理，在这里劣币驱逐良币是比喻在消费者无法辨别真货与假货、优品与次品情况下，好的商品并不能赢得市场，因为真货与优品的成本高于假货与次品的成本，如果两者价格相同或后者低价销售，真货与优品将面临微利或无利，最后被迫退出市场。这种不公平竞争同时会引致"无知"买方的拒买行为，使市场缩小或坍塌，如分不清牛肉的好坏，就不再买所有的牛肉；不知血液的优劣，就尽可能不输血，从卖方总体来看，垄断信息无疑是"搬起石头砸了自己的脚"。学校如果不主动破解自己的信息优势，轻者不能成名，重者会失去生源。一般地，人们为了自己的主动地位都习惯于获得并保持自己的私有信息不为外人所知，这在非交往的情况下是适用的，但在合作的前提下，这种非对称性信息会起到破坏合作的效果，没有人愿意在自己信息劣势的条件下和他人合作，那样等待他的只有损失的可能性，信息地位平等是真正交易合作的必不可少的要素，为了长远利益，一个处于信息优势地位的个人、一个组织、一个高校必须向他的合作者和需求者主动展示自己的关键的信息属性。在师生信息不对称条件下，学生难以鉴别教师的信息质量及其展现是否合理，于是就从得高分的功利主义出发，哪个教师能够给他高的分数、平时不批评他，他就给哪个教师打高分，并且学生的此类信息在不同年级之间以此相传，往往造成真正认真教学的教师反倒得不到更多的选课，而对学生要求低、自己教学水平低的教师却能够得到更多的授课机会，久而久之，教学水平普遍降低，优秀教师教学的积极性受到打击，大学声誉以及大学生的社会评价也就降低了，如此多败俱伤，这就是教学过程中的"柠檬"市场和劣币驱逐良币。

2. 机会主义

机会主义也称投机主义，无论"左"倾还是右倾，都是脱离现实的主观唯心主义，它与比唯心主义更加狭隘的唯我主义相联系，认为只有"我的意识"是存在的，为了达到自己的目标就可以使用一切方法，蔑视制度和规则、损人利己，视规则为迂腐之见，以结果衡量一切，而不重视过程和价值，它的原则就是为了自己的利益而没有原则，它与美国的实用主义不能画等号，美国实用主义除了单纯注重效果、有用就是真理的糟粕外，还强调行动、进取和创新，强调美国人民的自由幸福和社会发展进步，这是其正确的价值观。信息对称是公平交易的前提条件之一，如果信息不对称，信息优势方就会利用其信息优势欺诈对方、损人利己。又由于劣币驱逐良币效应，生产者的争先创优不一定能占有市场和赚取利润，造假掺杂也可能获得巨额收益，因而在一些情况下，甚至会导致生产劣货的竞争，这不仅打击了诚实的生产者，而且损害了消费者利益，并严重扭曲了社会经济资源的配置。师生之间的信息不对称、教师对其优势信息的经济人方式的利用，容易造成教师的机会主义教学行为。

3. 供求失衡

在信息不对称市场上，为免于机会主义侵害，交易量会减少，造成一方面需求不足，另一方面供给过剩，如在劳动力市场上，用人单位由于不知道劳动力的真实能力而采取过分谨慎态度，使真正有能力的劳动者也难以找到工作。学校的师生关系虽然不是市场关系，但如果教师不正确地利用自己的教学私有信息，也会挫伤学生的学习积极性，造成教师在教，在提供教育服务的供给，而学生不学，即没有需求。目前高校课堂存在很多问题，到课率、听课率远达不到百分之百，学生贪玩手机现象比较严重，个中缘由多种多样，如教学手段问题，即教师的多媒体课件再精彩也比不上网络里的水平，还有学生的思想问题，认为学习就是为了就业，而就业又和学习成绩不是高度相关，等等，不一而足，同时教师授课吸引力有待提高恐怕也是其中不可忽视的一个原因，当代大学生视野开阔，他们也并不是都想混日子，他们渴望教师的排疑解难，对此高校教师若没有相当高的理论水平、教学方法和社会透视力，学生是会失望的，为了拿到学分又不敢得罪老师，只好在课堂上以玩弄手机等方式消极应对，鉴于此可以考虑灵活的选课制度，允许学生随时调换教师。

二　市场治理机制的多样性

市场交易涉及买方、卖方的利益和整个社会秩序，针对信息不对称产生的新型市场势力问题，其治理可以从多方面着手，如买方对卖方的个人信任机制，它以重复博弈为前提，卖方受到一旦选择欺骗就会被买方终止交易的威胁。卖方的退货和保修机制，道德准则以及卖方之间相互竞争的机制。第三方出面的专家导购制，信用档案制，消协、法律及信息传播等。这里着重谈论退货机制，专家导购制和信用档案制，它们都是随机交易的"保驾护航使者"。

（一）退货机制

1. 退货机制对市场信息格局的改变

从经济学理论讲，退货机制来自买方市场，在卖方市场中"萝卜快了不洗泥"、"皇帝的女儿不愁嫁"，就谈不上旨在维护消费者权益的退货机制的产生。根据生物进化理论，生命就是有机体不断适应外界环境的过程，20 世纪美国著名哲学家杜威按照他对生物学和心理学的理解，认为人的生存无非就是做一个进行反抗、反应和斗争的生物，人对环境的反应总是有选择的，极为强调生长概念的普遍意义，而且生物的生长是一种积极进步的生长而不是消极阻碍前进的生长①，市场作为一种生命有机体，要想得到其生命的延续，就得不断适应外界环境的变化对自己的运行机制进行各种调整，这种外界环境就是买卖双方力量的不断消长，或者说是供求关系的翻转变化，进一步地，这种调整还是积极进步的，是走向新生的，而不是走向灭亡的，也正是这种生命的顽强和积极向上才成就了人类社会的繁荣和进步，退货机制就是在买方市场外界环境下，市场自我发展的一种新机制的积极性选择。目前越来越多商家在商品销售上推行不满意就退货的做法，这看上去只是一种简单的营销手段，其实蕴含着许多经济学道理，具有合理性。从新型市场势力的角度看，它改变了买卖双方信息力量对比的格局。退货制度等于卖方使自己承担了有关商品的全部私有信息，他关于商品质量、进货渠道、成本等的信息也就无关紧要了，买方无须再去探究，免除了选择失误的后顾之忧，这样就消除了买卖双方信息不对称的问题。

退货制度内含的思维方式是把风险留给自己，把主动权交给对方；把成本留给自己，把利益交给对方。这种"双留双交"思维方式符合消费者的风险认知，而退货制度是一种行之有效的应对思维。消费者的风险认知包括其风险意识、风险来源和对策等，在改革开放前的计划经济时代，商品数量和范围窄少，商品的质量与价格之间呈一一对应关系，消费购买基本上没有任何风险，而在市场经济环境下，商品种类数量繁多，生产销售者的货币利益导向催生了市场中的假象环生、防不胜防，消费者在消费实践和消费舆论中形成了明确的消费风险意识，关于风险来源则各不相同，消费者作为消费的实践者而非

---

① 邹铁军：《实用主义大师杜威》，吉林教育出版社 1990 年版，第 9 页。

消费理论家，其风险来源的观点具有很强的主观性和个体差异性，他们因人因时因地因财力而产生差异，如财力雄厚者可能更看重购买的功能风险即购买失败会达不到他的购买目标，而不在乎购买的财务风险即一旦购买失败会带给他财务的损失；相反，财力薄弱者更看重财务风险而不是功能风险；知名人士和恋人等可能更看重购买的社会风险即购买失败将影响他人对自己的评价，而不在乎购买的财务风险和产品服务的性能风险等；老年人的购买可能更在乎购买的心理风险即失败的购买对自我认知的打击，认为自己能力退化了，而不在乎购买的机会风险即失败的购买延误了其他正确的购买；年轻人可能更在乎购买的时间风险即失败的购买耽误了他们的宝贵时间，等等，但不管哪种风险，都是消费者所不愿意承担的，他们会对购买产生各种疑虑并采取各种相应的、适合自己的对策，如延缓购买、替代购买、减少购买、熟人购买和品牌购买等。退货制度恰是一种有针对性的思维和策略，Akkan 和 Korgaonkar 分析了直销购物中风险降低因素的相对重要性，结果发现退款保证是最重要的策略，后面是制造商名、产品价格、分销商美誉度、免费试用、信任者认可、过去经验和产品新旧程度，这些策略在不同产品类别中体现出相对重要性是不同的，营销者已经成功地使用退款保证来降低消费者的购买风险认知。①

退货制度等于自己动手防假货，不少商家在进货时贪便宜图省事，甚至知假买假，坑害消费者，产品售出后各种各样问题接踵而至，而消费者法律意识逐渐增强、投诉日益增多，商家弄得焦头烂额，越来越认识到购进假货就如同自己装定时炸弹，而引进退货制度给自己增加了压力，为避免财力和声誉的损失，商家自会主动保证质量、从源头控制。退货制度也等于是请顾客打假，源头的漏网之鱼由商品的消费者上帝来把好最后一道防线，让顾客零风险购买商品。

2. 退货机制的适用条件

这种办法也有其特定的适用条件和范围，首先，前提是买方市场。买方市场是买方占优势的市场，商品供大于求，卖方之间竞争激

---

① 张硕阳等：《消费心理学中的风险认知》，《心理科学进展》2004 年第 12 卷。

烈，在这种市场环境中，卖方才会有促销的压力；反之，如果是卖方市场，商品供不应求，买方之间竞相购买，就会出现"萝卜快了不洗泥"，需求方就很难享受可以退货的待遇了，这是经济法则使然，不是道德问题。其次，对商品自然品质的要求。一是商品须具有质地稳定性，以减少可能的纠纷；二是商品须具有独立的形态，由于服务类商品的供给和消费是同时进行的，即使不满意也已消费，所以，只可弥补、不可退回。退货制度也反映出买卖双方虽然有利害冲突，但绝非你死我活，两者之间的较量完全可以设计成正和博弈形式，使得两者利益相长，而非零和或负和博弈形式，造成两者利益相伤。当前已经进入"注意力经济"时代，商家更应调整自己的策略，所谓注意力经济，是指生产和分配注意力资源的过程中所形成的经济关系和商业模式，现代社会交通通信技术高度发达，各种商品信息浩如烟海，如何使自家商品不被湮没并且凸显出来就格外重要甚至生死攸关，退货制度从消费者的立场出发，适合了消费者降低成本、减少风险和消除疑虑的需要，可谓制胜的一招，竞争战略有多种，其中价格竞争最终要受到成本的限制，所以还得在这种非价格竞争上多下功夫。

3. 退货机制的有效性

还可以从新制度经济学角度看待退货制度，以市场治理机制的选择提供深刻的理论支撑。从市场治理的角度，而不是市场营销的角度看待退货制度，退货制度有着丰富的经济学含义，它生成于买卖双方信息不对称条件下卖方对自己私有信息的主动性化解，是一种信息剩余制度，而信息剩余制度是一种由占有信息优势的交易主体对其优势信息采取自留、自用、自益和自损的制度安排，退货制度有效性的作用机理在于利益相容机制、利益平衡机制和剩余控制权机制的形成，具有低成本、强效果的效率优势。退货制度遵从市场交易中信息分布的客观经济规律，不要求信息弱势一方强硬地、徒劳地从信息优势一方进行信息复制和转移，明智地把关于商品的优势信息留给它的所有者，降低了买卖双方和总体的信息搜寻成本。其有效性从利益相容机制看，买卖双方的利益互相支持制约，从产权激励理论看，这是信息权利的一种符合激励相容原则的特殊有效配置，能够实现共赢。从利益平衡机制看，买方表面上处于信息劣势，但退货制度客观上钳制了卖方优势信息的机会主义行为，由此以相互制约的方式实现了双方利益的平衡。

退货制度作为经济实践中越来越普遍的现象，丰富了市场治理模式，推动了市场经济发展，这里从退货制度生成的根源、退货制度的信息剩余论支撑、退货制度的作用机理和退货制度的制度优势四个方面给以经济学诠释。

（1）退货制度生成的根源。有关退货制度主题的文献近几十年来只有40多篇，而且基本都是工作实务性质的，虽然对实际商务政务工作很有意义，但缺乏理论的深层次分析，可见，这方面的研究比较滞后，其中理论探讨较深入的"退货制度影响消费倾向的行为理论和调查"从行为经济学的角度把退货制度增加消费的原因解释为消费者的主观心理因素，认为面对退货承诺消费者可以克服"后悔心理"，文章也提出了退货制度作为商品的优质信号对消费者的吸引力，但没有展开论述，通篇集中在论证阐述行为经济学理论。其他文献资料只有很少的文字涉及退货制度的原因，往往定位在避免对消费者的欺骗、解除买方的后顾之忧上，没有更加深入的分析。退货制度从经济学的角度看，应该是缘于买卖双方的信息不对称，买方的货币选票信息含量少，主要是个真伪和数量的问题，容易验证，因此不能成为其持有者的私有信息，这就降低了买方的交易地位。与此相对应的是，卖方的商品信息含量复杂，包括材料、品质和安全因素等属性，不容易验证，对方难以获知，或者对方获知的成本极高以致不得不放弃其获知诉求，这样就注定了买方的信息弱势地位，且这种弱势地位不以市场竞争度为转移。但是，卖方并不能由此受益，因为市场上普遍存在的是供过于求，卖方又必须"讨好"消费者，退货制度就是其中的一种方式，卖方主动释放其优势信息。退货制度在市场经济运行中日益普及，很大程度上促进了购销契约的建立和执行，但它在保护消费者利益的同时，也因为退货损失问题越来越多地影响到生产者的利益，出现了新的反向的利益不平衡。实践的发展需要理论上的深入研究，为此，我们提出一种"信息剩余制度"对退货制度给以信息经济学的诠释。

（2）退货制度是一种信息剩余制度。信息剩余制度是一种由占有信息优势的交易主体对其优势信息采取自留、自用、自益和自损的制度安排。在市场交易中，我们把交易主体都假设为服从理性原则，即追求成本最小收益最大。一般地，卖方天生地拥有相对于买方的优势信息，买方为了避免卖方可能的"寻租"行为，总是想方设法了解尽可能多的商品信息，但关于商品的知识属于专门知识，即要支付高昂的成本才能得到，成本甚至高到超越了商品本身带给买方的效用，所以这种信息搜寻是不必要的，人们根本不能够消除卖方的私有信息专有。退货制度遵从了市场交易中信息分布的客观经济规律，不要求信息弱势一方强硬地、徒劳地从信息优势一方进行信息复制和转移，明智地把关于商品的优势信息留给它的所有者，降低了买卖双方和总体的信息搜寻成本，买方以退货即解除契约来保障自己的权益，对卖方形成一种威慑力量，卖方则以商品的优质、低廉和服务为交换手段获得自己的经济利益即销售量，卖方的利益在于总体上扩大了的交易量，因为只要商品正常，就不会出现所有的买主同时退货的情况，而且退货制度还有许多具体的产权安排，如买三即可无偿退一。把退货制度看作信息剩余制度不同于把它看作商品信号的观点，后者认为，退货制度彰显商品的优质性，而前者重视的是实际的契约保障，无论商品质量等属性如何，买方权益都可以得到保护，实行退货的产品一般来说都是较好的，但有时也经不住消费者检验，消费者对此类产品拥有当然的辞退权。从博弈角度看，退货制度是一种合作博弈，交易各方都能够从这项制度中受益，买方从中得到了满意的商品，他对商品的评价要高于对他原来所持有的货币的评价，其中溢出的部分称为交易的剩余值，卖方售出了自己的商品，他对货币的评价高于对他原来所持有的商品的评价，其中也有一个溢出的剩余值，这两部分剩余值之和成为合作的总收益。哈罗德·德姆塞茨认为，产权安排应服从于外在性内在化的原则，产权的设计要尽可能地把全部的外在性内在化，产权是附着在物上面的使人受益或受损的权利，边界明确清晰的产权形式能够使各个产权主体之间的权利关系变得明朗可预期，是最有效率的制度安排。产权形式和外在性各自多种多样，其配置也可以交错灵活，而不是一一对应的僵化关系。在市场交易的场合，有关商品关键信息的所有权、使用权和收益权都是商品所有者的，由于事关他的切身利益，所以他不会转让给商品购买者，也就是说，买卖双方的利益保障问题只能通过契约规定的形式来解决，而不能通过变更所有权规模方式来处理，在这种情况下，把这些权利留给供应商，同时由他来承担所有的权利行使给商品购买者带来的外在性就是一种合理的产权配置。

（3）退货制度的作用机理。退货制度作为信息剩余治理模式，其有效性的作用机理在于利益相容机制、利益平衡机制和剩余控制权机制的形成。从利益相容机制看，卖方如果侵害买方利益，他的利益就会受损，导致其销售量的降低；反之，卖方如果维护买方利益，他的利益就会随着销售量的增加而增加。买方的行为也是如此，如果大量的购买者恶意利用退货制度，给卖方造成重大损失，这项制度将最终消失；反之，如果购买者善意利用退货制度，他的利益就会得到延续。从产权激励理论看，这是信息权利的一种符合激励相容原则的有效配置，能够实现共赢。哈维茨（Hurwiez）创立的"激励相容"是指在市场经济中，每个理性经济人都按自利的规则行动，有一种制度安排能够使行为人追求个人利益行为正好与集体价值最大化的目标相吻合，这一制度就是"激励相容"，贯彻"激励相容"原则，能够有效解决个人利益与集体利益之间的矛盾冲突，让每个人在为企业多做贡献中成就自己的价值，达成个人价值与集体价值两个目标函数的一致化。市场虽然不是企业、不是一种组织，但可以把买卖双方的利益看成一种集体利益，退货制度恰好符合激励相容原则，交易主体对这一制度的遵守既符合自己的利益，又能够实现共赢。另外，关于商品的成本、材料和真实质量等信息是一种私人物品，不存在公共物品那样的"搭便车"问题，所以这样属性的资产划归私人所有是有效率的。从利益平衡机制看，买方表面上处于信息劣势，但通过一定的方式如退货制度，客观上钳制了卖方优势信息的机会主义行为，由此以相互制约的方式实现了双方利益的平衡。这种利益平衡不等于信息平衡，买卖双方信息永远也不会平衡，他们之间的信息地位天生不平等，但倾斜性的信息可以化解，退货制度使这种倾斜无处施展，从销售者最在乎的销售量这一根本因素上遏制了优势信息者的不当利益。利益平衡机制也不同于利益相容机制，利益相容机制更多关注的是个体利益和集体利益一致性的问题，而利益平衡机制更多关注的是个体利益之间的相互制约问题，在不同的制度里两者的关系也不同，利益相容时不一定能够实现利益平衡，而利益平衡时也不一定能够实现利益相容，两者也可能同时实现或同时都不能实现，当然最好的制度是两者同时实现，退货制度能够较好地支撑两者同时实现。退货制度的初衷本来是为了保障消费者的利益，防止销售商对消费者的外在性，即对消费者造成损害又不承担责任。但是在现实的运行过程中，却出现了大量反向外在性问题，即消费者行为对销售商造成外在性，给后者带来重大损失，有些消费者的退货既不是因为商品有缺陷，也不是因为自己不满意，而是无因退货制度下的机会主义行为，利用制度规定进行无偿消费，在规定期限内消费以后又去退货。

信息剩余论又如何解释这种现象呢？控制权理论为我们提供了可资借鉴的思路，该理论主张为了整个经济组织的效率，防止其中的各种代理问题，可以把剩余权利作为控制权交给某个中心签约人即所有者，他为了获得尽可能多的剩余，就会尽心尽力地组织企业，使交易费用最小化，作为信息剩余论视野下的退货制度正是把信息剩余权利赋予信息的所有者，他具备充分利用其权利的动力去降低各项交易成本，实现其剩余最大化，目前国内外出现的"二手新品交易"和"逆向物流"等新的经营模式就是在新的外在性出现以后的对策。虽然以前的退货制度作为旧的产权形式仍能对付新的反向外在性问题，但随着实践的发展变化，还可能出现更新的外在性问题，到时退货制度也许继续存在，也许会有新的产权安排来代替它。需要说明的是，"逆向物流"并不等于单纯退货处理，它的作用范围广泛，从商品的退货到使用过的包装、机械和零件，等等，退货只是其中之一，本质是从起始性的促销变成了二次营利模式，从顾客手中回收使用过的、过时的或者损坏的产品到最终处理环节的整个过程演变为积极主动的利润新式运作，是企业发展循环经济值得正面应对的问题，随着市场竞争加剧对顾客价值的重视、政府立法、新型的分销渠道和产品生命周期的缩短，逆向物流已经作为一个有力武器被提到了战略高度。总之，在反向外在性问题出现以后，剩余控制权机制发挥了重要作用，信息剩余论仍然能够解释这种现象，并且反向外在性问题的出路之一——逆向物流为循环经济提供了选择。

（4）退货制度的制度优势。退货制度就其能够解决信息不对称问题功能来讲，相对于道德说教、第三方仲裁、法律判决、政府监管、俱乐部制度和熟人社会的声誉威慑等具有以下低成本、高效果的效率优势。

第一，可以避免潜在损害。商品销售者作为经济人对其优势信息的使用带有机会主义倾向，给信息劣势者即商品购买者所可能带来的只是潜在损害，针对这种情况，退货制度由他自己收留自己的信息，并承担其使用方式的后果，就不会使那些潜在损害变为现实，因为他不会利用自己的信息来损害自己的利益，这种作用一般是事先的。第三方仲裁、法律判决、政府监管等外在于交易过程，受信息限制而难以客观还原事实并做出公正裁决，而且往往是事后的。

第二，可以解决反向外在性问题。退货制度在现实中产生的悖论是商品销售者被商品购买者的恶意退货困扰，那么退货制度是不是因此败退呢？不会。既然退货制度能够促进销售，那么同样利用它内含的信息剩余控制权也可以主动维护自身利益，这是同一产权格局的动态调整。产权经济学家巴泽尔认为，产权的有效性来自现有产权人享受权利的奋斗、他人夺取这项权利的企图和第三方保护既定权利的努力，一个产权状态是三者的函数，而影响产权有效性的三个因素都是在不断变动的，那么人们的产权就不会是永久不变的，而每次产权调整必然都会引起一系列交易成本。退货制度能够以同一个产权形式解决两种外在性问题：以销售商优势信息的自我收留来防止销售商对消费者的外在性，又以逆向物流等形式把起始性的促销变成了二次营利模式，克服了退货制度下消费者对销售商的外在性，这显然是低成本的。

第三，退货制度的有效性在于它的内在约束。内在约束相对于外在约束而言，内在约束是指经济主体对自身的约束，外在约束是指独立于微观经济活动主体之外的各种社会法律制度和规范对经济主体利益和行为的约束。退货制度即信息剩余制度，就属于这种内在约束性质，它靠信息优势者自己来把握其优势信息的使用，且这种使用无害于契约的另一方，因为如果它在质量、价格等商品属性上损害了另一方，也就是商品购买者的利益，买方就会实行退货，这也就等于损害了自己的利益。内在约束作为一种顺应被约束主体利益的正激励，其强度要大于惩罚性的、负激励性质的外在约束的强度，所以它的效果通常好于政府监管等外在约束。

第四，退货制度不同于道德准则。两者虽然都属于内在约束，靠自己约束自己，但一个是精神约束，另一个是利益约束；行为主体在实施一种行为时有认知、情感和道德等因素的作用，从道德准则看，行为人若违背了它，就会引起消极的心理感受，丧失幸福感，而行为人若违背了退货制度，遭到物质损失这样一种硬性约束，事关他生物性存在的生死存亡，两种规则相比，也许他倾向于自我外在利益保护的动力会更加强大。

第五，退货制度采用"双边交易"思维，胜于声誉机制。2001年，约瑟夫·斯蒂格利茨、乔治·阿克尔洛夫和迈克尔·斯彭斯因为在"使用不对称信息进行市场分析"领域所做出的重要贡献获得诺贝尔经济学奖，打破了传统经济学完全信息假定，人们自此认为市场运行应发挥外在因素的强大作用，但事实和理论分析表明，虽然市场不是万能的，但其良好运行必须主要依靠自身机制，市场交易实质是买卖双方的双边关系，任何外界机制都只能是背景性因素，声誉机制也不例外。声誉机制作用的发挥需要借助三个以上的主体，离开了众人的信息传播，它无从谈起，而在市场交易的场合，一般都是买卖双方的博弈，只要能够相互受益，哪怕是一时的，哪怕对方曾经为害于他人，哪怕以后可能被其所害，在当前的交易中也往往概不考虑，所以，声誉机制式微，尤其是在现代匿名市场的环境下。退货制度顺应了"双边交易"，靠直接的交易主体的利益互动来推动契约的执行。

在退货制度下，买卖双方的善意利用使销售者增进销量、购买者获得合格商品的保障。相反，他们也可以进行恶意利用，如销售者通过烦琐退货手续、提高退货者的分担费用等方式设置退货制度门槛，使退货制度有名无实；另外，商品购买者不断试图免费消费，这样的行为必然使销售者销量减少、购买者失去保障，买卖双方都想从退货制度未清楚界定的"公共领域"攫取尽可能多的利益，但他们之间的博弈最终会达到产权均衡，当各自成本等于收益时，就会停止寻租活动，其间的成本比声誉机制小得多、效果要快速和显著得多。这里又会出现一个新问题，那就是在退货制度下，即使单个的销售者和购买者明白此项制度对双方的好处，因而会使自己的寻租行为维持在制度不至于废止的度上，但全体销售商和全体购买者彼此之间由于人数众多而无法沟通协商，那么退货制度会不会最终垮掉？如果他们同时采取恶意态度，必垮无疑，但人们的判断和行为往往不是一致的，所以双方的博弈会持续不断，而退货制度以它巨大的经济魅力也必定难以废除。退货制度对于完善市场治理是一种比较理想的模式选择，它在较高的程度上克服了交易双方的信息不对称问题，对于市场交易的发展具有其他治理模式所不具备的制度优势，但是，还需要随着实践的发展，针对不同市场的具体情况做出不断调整，使产权的安排实现动态均衡。

我们采用和发展了的退货制度理论为本书后面的教师私有信息剩余性化解的制度设计及教研室连带责任制度提供理论基础。

（二）信用档案制

信用档案制相当于日本经济学家青木昌彦所说的"商法仲裁者"[1]，是由第三方解决随机交易问题的方法之一，其过程是：在双方交易者中间引入一个附加参与人，这个附加参与人被称为商法仲裁者，它发挥着聚集和传播信息、调解交易纠纷的作用，对于选择欺骗策略的商人，信用档案制没有惩罚能力，不具有强迫被告赔偿的

---

[1] 青木昌彦：《比较制度分析》，上海远东出版社 2001 年版，第 53 页。

权力，但它可以记录谁没有诚实交易、谁没有支付赔偿，供人们查阅。

这种制度的作用机理在于把匿名市场上的匿名交易变成非匿名市场的非匿名交易，通过记录商人诚实和欺骗的轨迹，自然而然地实施了正面和负面选择的激励，依靠第三方的信息传播，保护或威胁着交易者的交易机会。这种做法在我国实际中起到了很好的作用，欺骗性交易者被其他商人终止了有其记录的市场上的交易，而诚实交易者的交易量则大大上升。

第一，附加参与人是否总是保持中立，如果它采取策略性选择又会怎么样呢？它可能渎职、索贿和威胁，商人如果不给贿赂，就向查询者谎称它有不当行为，或免除真正有不当行为的行贿者的记录，信用档案制最终瓦解。中立者的不可靠性启发我们探索一种相关问题出路上的网状环形结构，即在相关主体之间形成一种相互性，互相监督沟通，排除单向线性思维，在高等教育教学中，学生、教师、教研室和教学督导组等主体各自拥有自己理念、目的价值和方法，他们之间应该形成相互监督、环形双向沟通格局。在科学哲学领域，科学哲学家拉瑞·劳丹首创的网状模型认知理论就是这种环形思想的哲学基础，劳丹认为传统认知在理论、目的和方法之间建立了等级森严的层级结构，从事实、方法到价值目标，渐次更加重要、优越和根本，如果在事实认定上产生分歧，则求助于统一方法，如果在方法上产生分歧则求助于统一的价值，劳丹认为，这是荒谬的，因为一个特定的方法本身就可以包容不同的事实，怎么能够把不同的事实统一起来呢！科学家们的价值也是各不相同的，又怎么能够以一个一致的价值观来统一不同的方法呢！在批判这种传统认知缺陷的基础上，劳丹提出了自己的网状模型理论，即主张事实、方法和目的相互制约、相互依存，三者的地位是完全平等的，没有高低上下之分，每一个的存在都必须仰仗另外两个的支持，同时又受制于另外两个因素，比如一种理论的目的是否具有合理性，要看事实是否支持、方法是否得当；一个事实是否合理，要看是否符合目的，是否有方法说明这个事实；一种方法是否合理，要看是否能够达到所要达到的目的，是否有事实依据。中立者的不可靠性和劳丹的网状模型理论引导我们构建一种高校教学质量提升的环形结构制度，这件事情本身恰恰也说明了事实、方法和目的之间相互制约相互辩护的调节相互性。

第二，这种制度没有给不良记录者留下改正空间，从施压角度讲，可以迫使商人小心谨慎、不敢选择欺骗，但万一不小心犯了规，被记录下来，就很难重建信誉了。一个存在私有信息要化解的组织需要信任和制度，而制度的有效性需要空间和灵活性，高校教师是组织的重要成员，他们自尊、自主的特点比较明显，拥有重要的私有信息，管理上的一个高明之处就是要从此出发，使他们在贯彻制度的时候由自尊自主达到自觉。

第三，动态地看，市场上的商人是流动的，新进入者和退出者的信誉就变得不透明了，不诚实者可以不停地潜入无其不良记录的匿名市场，这种外在的市场交易与组织内部的内幕交易一样难以监管，面对这种动态变化，现代化通信手段能不能实现动态记录、监管和广泛使用呢？否则信用档案制的作用将大大受到局限。教师的"偷懒"也难以实施动态监管，所以要设计一种综合性的信息治理方案，即起始性化解、过程性化解和剩余性化解。

（三）专家导购制

专家导购制是买方请相关专家指导、实现购买的一种制度，它作为一种市场治理机制，作用机理在于使知识对等化。其效果可表现在以下几个方面。

第一，减少购销纠纷。专家导购，就使购销双方基本站在了关于商品的同一知识层次上，两者的信息力量对比呈势均力敌之势，"假冒伪劣"在这里没有市场，买者按照自己的意愿得到了真实的商品，事后的纠纷必然减少。

第二，节省"无知者"的交易成本。处于信息弱势的消费者如同一个无知者，他在"黑箱"市场上购买的商品，往往经过使用才能被发现质量等问题，而这时再去交涉，将花去很多的时间、精力和金钱，专家导购制的优势恰恰在于防患于未然，以事前的主动避免事后的被动，以专业化的搜寻、购买成本代替寻找成本、商品损失成本、商品造成的损害成本、诉讼成本以及其他成本。

第三，优化社会资源配置。假冒伪劣商品的欺骗性生产和销售是对社会资源的极大浪费，专家导购制对此是一种巨大的打击。

专家导购制问题是其中产生了一层购买者与专家之间的委托—代理关系，如果购买者对购买不认可，责任应由谁来承担？如何来划分责任？其中会不会产生专家与销售者之间的合谋问题？

另一类问题是导购的服务费用的计算，这里有一个导购服务费与不利用专家导购所可能产生的潜在纠纷成本之间的比较，只要前者小于后者，利用专家导购制就是可行的，但是具有较大的弹性，在实践中到底如何操作，还需结合其他因素如导购时间的长短、所购商品的价值大小、专家的单位时间收入、知识含量的高低等具体制定。

无论哪一种市场治理机制，都有其目标针对性即实现市场的诚信交易，诚即在交易的各个环节展示真的东西，信即在行动中给以兑现，各个机制都发挥着一定的作用，但是，各个机制又同时具有局限性，尤其是信息档案制度和专家导购制度的局限性，下面的讨论基于退货思维的制度设计即信息剩余制度，这种信息剩余制度的设计具有突出的信息不对称问题的针对性，而不单纯是诚信目标针对性，所以其功能效率会更高。

三　信息剩余分析

这部分内容是基于前面的信息分析，比照马克思地租理论和垄断条款问题提出信息剩余理论，信息剩余理论是破解教师在师生信息不对称中的机会主义的理论指导。

（一）"级差地租"的局限性

农业资本家租种劣等地只需缴纳绝对地租，而租种优等地不仅要缴纳绝对地租，而且要缴纳级差地租，这样优等地的级差收益就被收走了，好像所租种土地的优劣对资本家收益没有任何影响。其实不然，租种优等地还是有利可图的，在租约期内，农业资本家改良土地所多得的收益并不缴纳给土地所有者，而优等地更易得到改良，如果土地所有者认为其地租定得低了，那也只好等到租约期满时再进行修订。我们所讲的信息优势者的优势信息就相当于这种"拿不走的级差地租"，为了更好地理解"拿不走的优势信息，我们叫作信息剩余"，现对级差地租和绝对地租进行介绍。

1. 绝对地租是怎么回事呢？

马克思地租理论认为，农业资本家租种任何土地都必须缴纳地租即绝对地租，这是资本主义土地所有权决定的，地租是土地所有权在经济上的实现方式，或者说是土地对抗资本的一种有效形式，任何资本家，如果不缴纳地租就得不到土地的使用权，即使是资本家自己土地，从机会成本角度看，他也应该考虑地租的成本，资本使用土地缴纳地租就像使用资本缴纳利息一样自然，当然地租和利息产生的根源不同，利息是平均利润的扣除，利息产生以后，资本家的平均利润就拆分为利息和企业家利润，而绝对地租产生于农产品价值大于平均利润的差额，农业劳动生产率低于工业，如果农业也像工业一样参与利润平均化过程，经营农业的资本家将得不到与工业经营相当的平均利润，所以社会为了得到足够的农产品而允许农产品按照高于生产价格的价值来定价，这样农业资本家就可以获得平均利润，而农产品价值的其余部分就作为地租归属于土地所有者；无论怎样分配，绝对地租的性质仍然是剩余劳动的产物，从地租的本质属性看，马克思说："一切地租都是剩余价值，是剩余劳动的产物。"[1] 农业生产中由农业工人创造的剩余价值，一部分以平均利润的形式被农业资本家获得，剩余部分则被土地所有者以地租的方式获得，即在任何情况下，这个由价值超过生产价格的余额产生的绝对地租，都只是农业工人所创造的剩余价值的一部分，都只是这个剩余价值的转化，都只是土地所有者对这个剩余价值的攫取。[2]

2. 级差地租又是怎么回事呢？

根据马克思的观点，可以从级差地租的概念、形成条件、原因、源泉和本质上对它进行认识。土地是农业生产的基本生产资料，其肥

---

① 马克思：《资本论》第三卷，人民出版社 2004 年版，第 715 页。
② 杨继瑞等：《绝对地租的价值构成实体及其演变的探析》，《马克思主义与现实》2014 年第 3 期。

沃程度和地理位置存在差异，因而即使面积相同，土地地租数量也不一样，这种与土地不同等级相联系的地租，称为级差地租。级差地租形成的条件是土地的肥沃程度不同和地理位置不同。各个地块肥沃度不同，地理位置即距离市场远近有别，因此，同量资本投入生产条件不同的土地，劳动生产率和资本获得的收益是不相等的，租种生产条件较差的土地，劳动生产率低、产量少，单位农产品的个别生产价格就高，而租种条件较好的土地，劳动生产率高、产量多，单位农产品的个别生产价格就低，同其他商品一样，农产品只能按社会生产价格出售，因此，租种生产条件好的地块的农业资本家就因其农产品的个别生产价格低于社会生产价格而取得一个超额利润，这个超额利润为农业资本家交纳级差地租提供了条件，所以，土地肥沃程度不同和地理位置不同，是产生级差地租的条件。级差地租形成的原因是土地的资本主义经营垄断，土地的资本主义经营垄断是指数量质量有限的土地被农业资本家使用后所形成的对土地的经营性垄断，工业企业也有这个问题，不同企业的管理水平、生产设备和技术水平等生产条件也不一样，因而劳动生产率也有高低之分，劳动生产率高的企业，其产品个别生产价格低于社会生产价格，从而可以有超额利润，但农业中形成级差地租的超额利润，同工业中的超额利润是有区别的，主要表现在：

第一，农业中获得的超额利润可以长期稳定存在。因为土地存在资本主义经营垄断问题，土地不仅数量有限，而且质量的优劣一般说来也是自然形成的，不是短时期内所能改变的，它不像工厂的机器设备那样可以随意地增加、改造和更新，因此，谁租用了较优的土地，谁就获得了这种土地的经营垄断权；而在工业部门，较优的生产条件不可能长期地被某个企业垄断，一旦先进的管理水平、生产技术和设备被推广开来，产品的社会生产价格就会下降，原先的超额利润就会消失。正是由于这种因土地的有限性而引起的土地经营垄断，使农业投资者为争取较优生产条件的竞争受到阻碍，从而使那些经营较优土地的农业投资者，能较长期地保持生产上的优势，稳定地取得超额利润，并能够在土地所有权及其要求经济实现的逻辑下把它转化为级差地租交给土地所有者。

第二，经营优等和中等土地的农业资本家都能获得超额利润。这是缘于土地经营的垄断，土地经营的垄断不仅使其他农业资本家无法在同等投资的情况下获得同等优越的生产条件，而且也使已租种较优土地的农业资本家无法任意扩大其原有较优的生产条件和生产规模来满足社会对农产品的需求，这样社会对农产品的需要就只能由不同等级的土地共同提供，就必须保证经营劣等土地的资本家也能获得平均利润，如果不能保证经营劣等土地的资本家也能获得平均利润，资本就会转移，农产品的供应就会减少，价格就会上升，一直上升到劣等地的经营也能够获得平均利润为止，所以，农产品的社会生产价格不像工业品那样由平均的中等生产条件决定，而只能由产量为社会所需要的劣等地的个别生产价格决定，这样，经营优等、中等土地的农业资本家都能稳定地获得超额利润，从而形成级差地租。

从以上分析可以看到，级差地租产生的原因是农业中对土地的资本主义经营垄断，垄断经营优等地以及中等地的农业资本家所长期稳定获得的超额利润，作为级差地租交给土地所有者。上述农业中的超额利润为什么会转化为级差地租呢？这就涉及土地所有权问题，固然，土地所有权与作为级差地租的实体超额利润的形成是毫无关系的，不论土地是属于个人所有，还是属于资产阶级的国家所有，只要存在土地经营的垄断，都同样会形成由个别生产价格和社会生产价格的差额所构成的超额利润，但是，资本主义土地所有权的存在却决定了这一种超额利润会从农业资本家手中，以级差地租的形式转归土地所有者所有，在土地公有制下，地租就会归属于土地公有制的代表者。那么，级差地租到底是从哪里来的呢？即级差地租的源泉是什么呢？是否像资产阶级经济学家所散布的那样来源于土地的自然力呢？回答是否定的，级差地租的源泉是优等地和中等地农业雇佣工人创造的超额剩余价值，耕种优等地和中等地的农业工人的劳动是一种具有较高生产率的劳动，因为这种劳动的自然条件优越，所以，这种劳动是加倍劳动，它能够创造出超额剩余价值。

综上所述，土地质量优劣的差别是产生级差地租的条件或自然基础，土地的有限性引起土地经营的垄断是产生级差地租的原因，农业雇佣工人的剩余劳动是级差地租的源泉，土地所有权是这种超额利润采取级差地租形式落入土地所有者腰包的原因，其本质是农业资本家和土地所有者共同剥削农业雇佣工人。[①]

上述市场治理机制虽各有千秋，可互替互补，共同支撑着市场大厦，同时又各有其局限，使得信息优势及其机会主义利用不可能被彻底化解，这正如级差地租不能被完全抽走一样，因此还需要寻找更加切实可行的制度安排，以化解信息不对称的危害。

（二）垄断条款

信息不对称是不完全合同产生的一个重要原因，不完全合同使合同双方对未来事件及其后果缺乏预见，无法在合同中写下相机条款，因此在合同执行过程中，当事人必须不断地进行重新谈判，以分配新发现的剩余或成本，如果两人的谈判能力相当，则会平分新的剩余或成本，但这样将影响投资的积极性，如此显示出分散的所有权的失效，哈特的办法是由合同的一方购买另一方的产权，并雇用另一方进行生产，这样就免去了重新谈判的麻烦，合同因此变得有效。我国学者姚洋认为，深入探讨两个企业合并过程可能会给我们带来新的发现，他假设合同的一方对另一方有绝对的谈判能力，在重新谈判中拥有所有剩余，鉴于此，他就不会减少应有的投资，这一点可写于合同中，"无论发生任何情况，配件的所有收益归其生产者所有"。由于它将所有收益归于一人，被称为"垄断条款"。

"垄断条款"在市场治理机制的问题上也是很有解释力的，如果我们把市场交易中买卖双方的关系归结为契约关系，那么，卖方处于信息垄断地位，则可以安排由他占有信息剩余的制度，这样就自然而然地化解了信息不对称问题，否则若买卖双方随着事件的演化，都去进行信息的分析、谈判以求获得自己的最大利益，显然买方只占劣势，合同不完全的问题还是得不到解决。

---

① 杨海芬：《政治经济学》，中国计量出版社2007年版，第136页。

（三）信息剩余论

概括地说，信息剩余论就是主张由信息优势者占有信息剩余。既然信息优势像级差地租一样不能被完全抽走、总有剩余，垄断条款可以解决不完全合同问题，那么由信息优势者占有信息剩余就是有效的，而且是较好解决信息不对称问题的方法。

第一，可以避免潜在损害。解决信息不对称问题的目标是克服损害、追求经济公平，如果说一般的垄断条款既有潜在损失，又有潜在收益，那么信息优势者所可能带来的只是潜在损害，针对这种情况，由他自己收留自己的信息，就不会使那些潜在损害变为现实。

第二，信息剩余制度的主要形式是退货制度和保修制度。退货制度已如前述。保修制度中的剩余尤其体现在质量的保证上，如果产品质量不过关，如果修理负责任，承担麻烦的主要是生产者、销售者自己，而不是消费者；相反，消费者却因此而减轻了对质量问题的担心，所以保修制度本身化解了修理服务业的信息"黑箱"，在那个"黑箱"里，商品损害的程度、修理费用和修理后的使用年限等都变得不再重要，这些问题都由修理者来担当，消费者只管接收一个修理好了的商品。

第三，信息剩余制度的有效性在于它的内在约束。内在约束相对于外在约束而言，内在约束是指经济主体对自身的约束，外在约束是指独立于微观经济活动主体之外的各种社会法律制度和规范对经济主体利益和行为的的约束。信息剩余制度就属于这种内在约束性质，它靠信息优势者自己来把握其优势信息的使用，且这种使用无害于契约的另一方。与此相对应，专家导购制、信用档案制、法律制度和社区规范等则属于外在约束。

第四，信息剩余制度不同于道德准则。两者虽然都属于内在约束，靠自己约束自己，却一个是发自内心、一个是迫于制度。从道德准则看，行为主体若违背它，就会引起消极的心理感受，而信息剩余制度则是一种技巧，在行为主体内心未必认可的情况下，照样可以实施。

第三章　高校教学过程中的信息不对称

之所以提出教学私有信息化解问题，是因为客观上存在着教学私有信息，并且直接、严重地影响教学质量。

总的看来，此问题研究的意义在于：化解教学私有信息可以生产出高效率的人力资本，提高学校知名度，具体看在于：第一，化解教学私有信息可以趋向师生信息均衡，学生能够分享教师的知识精华。人力资本的实现途径多种多样，如自学、实践和接受教育等，后者恰恰需要信息均衡。第二，实现教学价值性和事实性的统一。价值性即目的性，人的活动受目的引导，而人的目的背后又有价值观念的基础；同时人的有目的的活动受制于形形色色的限制条件，这些条件由各种事实组成，所以事实性即限制条件。价值性和事实性往往是矛盾的，即事实条件不支持目的的实现，在教学活动中表现为教师是否愿意发挥自己的全部才能，这是其价值性，同时他掌握私有信息，这是他偷懒的条件，经济人属性是其偷懒的动力，这是其事实性。一个理想的教师会在矛盾面前选择让其事实性服从其价值性，把自己的价值观念看成第一位的，这是一种理想性的统一；一个糟糕的教师则相反，会让其价值性屈从于事实性，丧失价值追求，这种情况可称为动物性的统一；理想性统一和价值性统一为数不多，大多数的教师会选择价值性和事实性的妥协，这是一种现实性的统一。而教师私有信息问题的解决以一定的方式改变了事实性条件的约束，必将强化现实性的统一，增加理想性统一，减少动物性统一，其意义可谓重大。

第一节　教学过程中的信息不对称及其影响

本节是全书立意的基础，是问题的提出，是研究的动力，即从问题出发，以问题为导向进行研究，正是因为教学过程中信息不对称及其影响的存在，才使得后面的分析如传统管理理论的反思、私有信息化解机制的比较、选择等顺理成章；如果没有教学信息不对称及其影响，就没有提高教学质量、加强教学管理的信息化解的独特视角，会产生其他的许多研究切入点，另当别论。总之，这一节的任务就是提出问题，即教学过程中存在一种信息不对称，影响了教学质量，关乎国家竞争力，至于如何解决这一重大问题则是后面各节的使命。

一　教育哲学的视角

哲学是任何一门具体科学的方法和价值的总指导，教育问题也有自己的哲学基础，即教育哲学。从教育哲学视角看，我们以问题，具体来说，是高校教学质量问题为导向的研究顺应了当代教育哲学的"问题哲学"转向，问题是事物之间的矛盾，这种问题转向的背景是当下的教育哲学仍未彻底走出本质主义根深蒂固的思维定式，这种思维定式无力改造现实，对日趋复杂的教育问题的反思与批判捉襟见肘。教育哲学如果仍然期望对国家教育事业有所贡献，就必须积极应对社会转型以及自己思想内部的挑战，而这意味着教育哲学需要一次深刻的实践论的、文化哲学的、社会哲学的和面向生活世界的取向性范式转型。①

教育哲学的这种转向关涉三个基本问题。

（一）教育哲学的本质主义为什么落后了？

本质主义教育哲学落后的一个问题是关注教育应该是什么，散布着规范主义的浓郁的真理性、知识性思维，拒绝对教育究竟是什么的

---

① 高伟：《论当代教育哲学的"问题哲学"转向》，《陕西师范大学学报》2012 年第 1 期。

现实主义的观照；形而上学的真理性追求是必要的，但不可以脱离现实，否则就会造成自说自话，形成理性对自身的单纯逻辑表达；按照教育理论，教育者本身应该是在思想境界上至高无上的，但现实并不尽然，按照教育理论，受教育者应该具有接受教育的渴望，事实并非如此。本质主义教育哲学落后的另一个问题是盲目照搬西方教育哲学成果，忽视中国本土上的教育实践问题，这样的哲学只有表达的快感而没有对现实问题的真诚关切，追求的只是逻辑的缜密，所热衷的宏大叙事只不过是包装精美的空洞，那种知性论证文字浩繁，看似热切，实则虚妄，如基于哲学话语的教育哲学就是这样一种情况，这种教育哲学直接采用哲学的话语系统作为工具来透视与解答教育问题，有学者在探讨教育本质时，直接援引现象学的"我看""我做"的本质观，主张教育本质既是确定的，也是变化的，是多而不是一。

这种教育哲学的运用能够增加一些教育新知识，但相对于所采用的哲学知识而言，就只能是哲学知识的教育应用了。① 本质主义教育哲学落后的第三个问题是缺乏问题意识，提不出关键性、核心性的问题，更谈不上解决这些问题，如高校教学质量问题几乎已经成为家喻户晓、妇孺皆知的表述，但到底高校教学质量应该体现在哪里、是以教师的知识为中心、以学生的学习兴趣为中心，还是以课程设置及其目标的完成为中心，则是一个需要反复对比思考以后才能回答的问题，还有目前高校教学质量出现下降的现象，根源又在哪里，也需要在教学实践中结合教育教学理论才能进行深刻的揭示，而这些问题都需要首先具有问题意识。

（二）实践论的、文化哲学的、社会哲学的和面向生活世界的取向是什么意思？

"实践论的"意味着不是空想的，而是行动的，"文化哲学的"意味着关注生命的价值和意义，而不是单纯追求普遍性知识，"社会哲学的"意味着不是脱离社会的，而是扎根在现实社会的沃土之中，"面向生活世界的"意味着不是理想主义的，而是对多样性真实的

---

① 李润洲：《教育哲学：哲学地思考教育问题》，《教育研究》2014 年第 4 期。

宽容。

教育哲学面向问题的转向不应理解成对形而上学的放弃，形而上学是一种本体论，是作为社会性的人所自然而然地发出的终极性追问，它本身虽然永远不可能完全现身，永远不可能彻底实现，它永远与现实之间存在距离，但这正是它的魅力所在，是人类的精神支柱的支点。人们往往根据这种距离来批判它把人与世界割裂，批判它妄图以人的理性去把握这些与人的历史性存在无涉的普遍规律，并以此作为人的思想与行为的最终根据是自寻烦恼，认为形而上学有其可疑之处。这类批判本身不懂得真理的相对性，也是自相矛盾的——问题转向本身就说明它有一个参照，没有一个理想状态的参照，哪里还有什么矛盾！而且，问题的解决也是具有标准和参照的，否则怎么认定问题有没有得到解决呢！其实从问题的确认、分析，到问题的解决，哪一个步骤都离不开形而上学，在当前市场经济氛围中，人类精神已经大大沦丧。作为理论工作者，追求真理、宣传真理和言传身教恰恰是应该全力而为的。要反对单纯的形而上学，只讲应然，不讲实然；只进行规范分析，不进行实证研究；只作抽象的人性假设，不顾具体的感性经验。科学的态度应该是把两个方面有机地结合起来，如果因为要重视现实问题就忽视理性问题，将会使人们更加迷茫，现实问题也不会得到好的解决，那时的世界将不是绚丽多彩，而是杂乱无章，因此在相对真理的指导下正视现实问题、分析和解决现实问题才是教育哲学和教育科学的正途，在理论上要避免对劳丹认为的科学是一种解题活动的观点和以杜威为代表的实用主义哲学的照单全收。

（三）教育哲学的问题转向有什么意义？

教育哲学的问题转向在教育哲学本身、教育实践和思维方式等多个维度上具有重大意义，而我们不考虑这种转向对于教育哲学自身命运的影响，只限于这种转向对教育教学质量关系的思考，教育哲学的问题转向能够引导教育科学的研究聚焦教育中的问题，同时教育实践是流变的，其中的问题也是常新的、复杂的，教育哲学的问题意识能够促使我们随时捕捉教育教学实践过程中的鲜活问题，并在各种纷繁复杂的问题交织中准确定位关键性和核心性的问题。面对生动的教学实践，传统的本质主义教育哲学就显得缺乏解决现实问题的功能，从这种对比的角度看，问题转向的教育哲学意义更大一些。任何一个哲学范式，要想具有价值都必须全面兼顾，在不同的时期它可以有所倾斜，但绝不能偏执一隅，这种辩证法的生命力也是客观事物本身的应有之义。

运用教育哲学来研究教育问题，而不是就教育问题谈教育问题，会使教育问题获得一种抽象和深刻，也即获得一种升华，这种升华来自教育哲学和教育学的多维度差异：第一，教育哲学的提问是一种前提性追问，而不是就事论事的发问。第二，教育哲学运用的是辩证逻辑，而不是实证检验。第三，教育哲学提供的是解释性或规范性知识，而不是事实性或经验性知识。[①] 在教育哲学式提问的指导下，本书提出了"高校教学质量是什么"本体论追问，并把答案的视线投向教学目标的实现这样的根本性思考，还要进一步追问"高校的教学目标又是什么"，而不是陷于经验的或技术的提问。如"高校教学手段如何现代化、案例式教学怎样才能高效"等，这是一种"溯本式沉思"，即通过抽象的概念探究教育之为教育的根本，在具体形态上表现为以定义、判断、推理、命题与概念自身的逻辑运动建构一个相对严密完整的逻辑框架和思想体系，如柏拉图在《理想国》中构筑的教育是正义国家的实现手段这样的工具主义逻辑框架。辩证逻辑是教育哲学的"逻辑先在式批判"，也就是相信存在着一个不以人的好恶为转移的客观言说规则，人的话语要合乎逻辑，据此我们首先厘清高校教学质量问题的根源在哪里，继而才给出了事前、事中和事后的立体化方案。根据教育哲学提供解释性或规范性知识的教育哲学特质，书中融入了创作者自己多年高校教学实践的体验与感悟，创设了一套自己的、独特的概念体系，并开创了一种新的研究范式，即信息范式。

下面用倒叙方式首先陈述我国教学质量现状，然后提出疑似主要原因——师生信息不对称。

---

① 李润洲：《教育哲学：哲学地思考教育问题》，《教育研究》2014 年第 4 期。

二 教学质量现状

(一) 本质主义与多元质量观的双重考察

本质主义质量观把学术性看作大学行为的基本特质,强调学术性就意味着追求卓越、一流,进而在高等教育最终结果上追求这种唯一的质量标准。在这里高级人才不等同于"基本理论"、"专业知识"和"实际技能"的简单相加,高等教育育人的最高主旨要培养的不是只能守在岗位上做功的工具,而是有热情、有创新精神的人。

多元质量观指可以从社会需求、办学特色、学校发展和不同目标等角度考察教学质量。从社会需求看,凡是能满足社会要求的就是质量合格的;从办学特色看,要求各高等学校在办学定位和办学着力点上各有千秋,特色即其质量;从学校发展看,主张学校基础好、有发展的眼光、人才标准与时俱进、能够不断发展就是有质量;不同目标质量观指不同大学有不同的追求目标,不以"一流"和"卓越"为唯一的质量标准。

教学质量可以体现在各个教学环境上,但最终还是要看学生的状况。与教育发达国家比,我国的高校毕业生具有如下特点。

1. 从本质主义质量观看,我国缺乏一流人才

突出反映在我国科技发展问题上:①重大原始创新少,即缺乏重大科学发现,如基本原理没有突破、国际奖项少、世界一流科学家寥寥无几,同时缺乏重大技术发明,如石化设备80%需要进口,集成电路和高端医疗设备95%以上需要进口。②科技成果转化率低,世界银行估计,中国的科技成果转化率平均为15%,专利转化率为25%,专利推广率在10%—15%,而发达国家科技成果的70%—80%可以进入生产领域,2005年85%的美国人均收入增长来自科学技术的提升。③创新活动覆盖率较低。区域间东中西部和城乡间拥有的研发人员、经费和创新活动比例差距大,产业之间也有这种情况,金融、科研、公共管理和信息等产业好于传统制造业、基础研究和能源环境等部门。④与外资企业相比,内资企业创新效能较低。如在近年来的高

技术产品出口额中，"三资"企业占近90%。[1]

2. 从多元质量观发现，我国人才结构失衡

劳动者供求脱节。1999年，我国开始大范围的高校扩招，每年几百万高校毕业生，而高新技术和复合型人才、高级人才普遍短缺，初中级人才较多，造成近几年就业率持续走低。

高教雷同现象重，表现在专业设置、办学方式等方面，资源重复使用，造成浪费，虽说有重复才有竞争，但多样性造就的特色更能够满足社会多种需求。

发展上，在肯定高校具有发展进取精神的同时，也应看到急于求成、屈从市场而降低标准的一面。扩招竞争致使生源不足、学校资源经费紧张，进而影响教学质量和持续稳定发展，是大学走出象牙塔、搞大学经济的结果。想当年，学术脱离社会现实，离现实越远、别人越是不懂的东西越叫学问，"中世纪大学以研究和传播知识为目的，表现为学者在行会内并不追求知识的实际应用，而只是遵循从知识到知识的逻辑，不断地从理论上进行推演"。[2] 如今，教育大众化、教育为社会发展服务深入人心，教育一定程度上的市场化使大学面临自己创收养活自己的压力，于是矫枉过正。

在不同目标质量观的名义上，实际降低了质量。社会在满足人民群众接受高等教育愿望、适应经济社会发展对专门人才需要的同时，也往往带来新的问题，如以质量为前提的招生政策受到冲击，师生比例降低，零距离教学不再可能。

这些特点从多方面反映了目前的教学质量状况，但它们又各有其局限，到底教学质量的高低指的是什么，并没有完全说清楚，多元质量观只是从级别上进行了所谓的结构分析，本质主义质量观侧重于知识技术方面的评价，也有失偏颇，下面专门就这一问题进行阐释。

---

① 郭铁成：《我国科技发展的突出问题和转型升级战略》，《新华文摘》2009年第1期。

② 张应强：《高等教育现代化的反思与建构》，黑龙江教育出版社2000年版，第67页。

（二）什么是教学质量①

1. 教学质量高低应以教育目标是否实现为基础

教学质量高低，也就是教育评价问题，要评价就得有评价标准，那就是教育目标。教育评价应以教育目标为基础，达到了预想的教育目标，就是高质量的教学；反之，偏离了原来的教育目标，就是低质量的教学，这个教育目标应是分层次的，既有知识技能的基础性层次，又要涵盖思想文化的高层次；当然教育目标的内容也要根据教育实践的结果和社会经济发展的要求不断做出调整，但这不影响教育目标在一定时期内作为教育评价的基础性地位；教学质量位居于教学各个环节之上，统领各个环节甚至学校各个部门及其整体工作，如教学质量不等于教学内容，教学内容是由一定社会的教育目的决定的，它体现一个国家对学校教育教学的具体要求，又受一定社会生产力发展水平和科学文化发展水平制约，也受学生身心发展规律的制约，现代化的教学目标越来越超越知识传授而更加重视能力培养、超越技术性而注重道德思想水平的训练②；教学质量也不等于教学方法手段的丰富多彩和娴熟运用，教学方法手段无论多么丰富现代、运用得如何娴熟，都不能作为衡量教学质量的根本维度，从教学质量衡量的宏观性视角看，教学方法手段也是为教学质量——核心是教学总体目标服务的。关于教学质量问题可以分解为两个大的问题：一是关于教育目标是什么的讨论，二是关于教育目标是否实现的评价问题。

2. 高等教育目标

第一，我国当前高等教育的目标。北京大学人才培养的总体目标是，为国家和民族培养具有国际视野、在各行业起引领作用、具有创新精神和实践能力的高素质人才，学生应当具备道德高尚、学识渊博、体魄健全、意志坚定的基本素质，具有良好的人文素养和科学精神。中国人民大学以"国民表率、社会栋梁"为人才培养目标。四川

---

① 本书说的教学质量和教育质量等价。

② 田文：《高等师范公共课教材——教育学》，哈尔滨工业大学出版社1997年版，第147页。

大学作为教育部直属全国重点大学、国家"211 工程"和"985 工程"重点建设的大学，积极探索自己的精英教育之路，其人才培养的新目标造就具有"深厚人文底蕴、扎实专业知识、宽广国际视野、强烈创新意识的国家栋梁和社会精英"。校长谢和平解释，这里所说的精英教育不是贵族教育，而是强调造就一流的教师、一流的学科、一流的科学研究和管理，使全体学生在学习过程中都能够享受高水平的全面教育。

2007 年我国开始实行了"高等学校本科教学质量与教学改革工程"，简称"质量工程"，这项工程涉及面广，包括许多方面改革，如课程、教材建设与资源共享；专业结构调整与专业认证；实践教学与人才培养模式改革创新；教学团队和高水平教师队伍建设；教学评估与教学状态基本数据的公布以及对口支援西部地区高等学校。质量工程是继"211 工程"、"985 工程"和"国家示范性高等职业院校建设计划"之后我国在高等教育领域实施的又一项重要工程，是新时期深化本科教学改革、提高本科教学质量的重大举措。数年来，设立了3376 个本科特色专业建设点，累计建设了 3862 门国家级精品课程；建立了 501 个人才培养模式创新实验区、502 个国家级实验教学示范中心；启动大学生创新性实验计划项目，批准 120 所高校立项实施16340 个项目；启动了国家级教学团队建设项目，遴选建设了 1013 个国家级教学团队；重点规划、建设 1.1 万多种基础课程和专业课程教材；实施西部高等学校对口支援工作，资助 2360 名受援高校教师和466 名教学管理干部到支援高校进修和学习锻炼等。[①] 这个工程从具体项目角度使我们对我国当前高等教育的目标有更加详细的印象。

《国家中长期教育改革和发展规划纲要》在第七章高等教育第十九条提高人才培养质量中指出：牢固确立人才培养在高校工作中的中心地位，着力培养信念执着、品德优良、知识丰富、本领过硬的高素质专门人才和拔尖创新人才。

---

① 李斌：《我国高校"质量工程"达到预期目标》，《中青在线——中国青年报》2010年 7 月 10 日。

综合以上材料，可以把我国当前高等教育的目标概括为两大方面：知识学习与应用能力强；精神道德水平高。一个是专业，一个是做人。

第二，国外发达国家高等教育目标。美国高等教育目标。其目标是不断发展的，可以分为四个阶段。

（1）19世纪30年代至19世纪末，是其萌芽阶段，面对私立大学的涌现，主要是提出了用统一的质量标准对高等教育进行评价的要求。

（2）20世纪初至20年代末，主张教育测定，物理学的测量手段运用到了心理学和教育学领域，包括智能测定、学力测定、心理测定和教育测定。其优点是定量化、标准化和客观化，但无法测定难以量化的世界观、人生观、价值观和道德感情等。

（3）20世纪30—50年代。盛行"行为目标模式"，即以目标为中心的模式，认为教育就是要改善受教育者的行为模式，而人的行为方式不能只依靠测验和概念就得出结论，更重要的是，还要采用观察和谈话等多种方法；教育评价就是判断实际教育活动达到目标的程度，如果有偏离，可以通过信息的反馈来促进实际教学，使实际教学尽量地靠近目标。但被认为预期目标的合理性和可行性无法衡量，而且忽略了对所可能产生的非预期效果的评价。

（4）20世纪60年代至今。代表性观点比较多。第一种观点认为，教育目标是教育评价的内容之一，教育评价以把握整个教育现状为目的，其他还有教学组织和经费等。第二种观点认为，评价是一个过程，第一步根据社会需要对教育目标本身进行价值判断，是诊断性的背景评价；第二步对教育计划、方案的可行性、合理性进行输入评价；第三步研究大量的反馈信息，发现计划、方案实施过程中潜在问题并加以解决，是过程评价；第四步根据完成定量目标的情况来衡量教育质量，是结果评价。可见，最被看重的仍然是教育目标，其他步骤都是围绕教育目标的。第三种观点强调对教育的实际效果的考察，而不是预期目标的实现程度。但是，对实际效果的考察，如果没有理论上的参照，又如何进行呢？第四种观点批评传统培养过于注重笔试、记忆力评价、课程结束后的终结性的评价、忽视学生的情意评价和学生自我评价。这种观点讲的问题很细致，但都可以归结到培养目标上。

从以上四个阶段发展过程看，其中贯穿的一条红线，就是对学生培养目标的不断调整，由注重学生智商和知识学习到注重学生全面发展。

日本高等教育目标。历史上，日本也曾仿照中国采用科举考试制度选拔官员，明治维新后开始学习欧洲，搞教育测定运动，逐渐认识要以教育目标为标准衡量教育对象是否得到发展和提高，后来教育成为军国主义的侵略工具。可见，日本战前是国家以立法形式确立教育标准。战后日本实行中央指导下的大学自治制度，大学设立仍然由国家审批，但质量评价则改由民间机构负责。明显倾向于学习美国。其大学基准指出，为了保证教学质量，大学首先必须有明确的设置目的。美国的行为目标模式、教育实践模式等都曾风靡一时，最后追求两者的统一，即把主观和客观结合起来。日本教育家认为，教育要使学生"开、示、悟、入"，"开"，指的是排除认知及情感障碍、启迪思维、拓宽视野；"示"，指的是使学生理解和掌握要点，能够按示例来应用新学到的概念；"悟"，指的是让学生的认识达到更高层次，把知识变成自己的东西并应用于实践；"入"，指的是使学生把知识融会贯通、运用自如。还把教育目标分解为基础目标、提高目标和体验目标三个阶段，首先要求学生感受和认识新知识、新事物，掌握基础知识，然后要求把这些知识变成自己掌握的、能自由运用的知识，第三步要求把知识融会到自己思想、观点和价值体系中去。

德国高等教育目标。政府规定了高等学校的基本任务，其中包括①高等学校培养出的学生能够从事职业活动，为此要求他们具有运用科学知识和科学方法进行艺术创造的能力；②高等学校的教学目的是培养学生从事某种职业活动，不仅要向学生传授必备的知识、能力和方法，还要使学生具有科学工作能力和责任感。其培养目标因社会需要的变化进行了不断调整：政府机构扩张时，政法专业招生应运增加，当政府机关饱和时则下降，体现着政治的影响。经济恢复和起飞时，需要大量建设人才，初中等教育以及师范大学迅速发展，经济发展到一定阶段需要更高级人才，师范大学的数量便大大减少，说明经济因素对培养目标的影响。能够满足社会需要的大学，人们对它的评价就高；反之就低，直至学校关门。

第三，应该确定什么样的培养目标。以上的描述和分析表明，无论中国还是外国，教育发展趋势都是朝着智能和情感两大方向行进，这是人的全面发展的客观需要。适应时代需要的知识学习提供人的生存能力，是社会经济技术性进步的基石，情感养成是个体幸福的保证，是社会和谐的基础，两者互相制约、互相促进，形成辩证统一的关系，因此我们认为应该确立的恰恰是这样两大目标，这是人类发展的共识。

第四，教育目标的达成要依托课程目标的实现。教育目标的实现要依托于课程目标，这个表述蕴含着教学范式要以课程目标为导向，以课程目标为导向的教学范式与以教为导向、以学为导向的教学范式不同。在以教为导向的教学范式里，教师懂什么就教什么，他有什么优势就发挥什么优势，往往偏离学生的兴趣，课堂死气沉沉，教师兴致高涨、学生懒洋洋，因为教师的讲授没有针对学生状况、兴趣、思想和知识需求；这种范式与计划经济时代相适应，大学生分配工作，教师铁饭碗，师生双方是否合拍并不影响双方的既得利益，所以在计划经济体制内完全可以延续。以学为导向的教学范式是市场经济时代的产物，市场经济对人才的需求增加，高等教育由精英教育阶段进化到大众教育阶段，高校数量倍增，在学生的录取上展开了激烈的竞争，所以高校笼络考生，同时也出于顺应尊重学习主体的世界潮流，不断提高学生在学校的自主权，很多高校对教师的评价主要是借助于学生评教，这样教师就会自觉不自觉地讨好学生，师生关系发生逆转，教师的授课往往要顺应学生的口味和习惯等，学生喜欢听什么就讲什么；这种范式的优点是课堂热热闹闹，学生的积极性也许很高，但热闹过后留下的是什么呢？师生都很茫然。以课程目标为导向的教学范式对于上面两种偏差都能够给以克服，并且贯彻执行了大学教育的主线索，一个课程设置有它的既定目标，如《西方经济学》就是告诉学生要讲效率，《政治学》就是要教懂、学会整合协调，思政课中的具有总体性、宏观性和政策性的《毛泽东思想与中国特色的社会主义理论体系概论》就是要向学生宣传党和国家在社会各个方面的重大理论创新、重要方针政策、重大实践成果、问题以及出路等，《中国近现代史纲要》就是要阐明中国共产党的伟大、没有共产党就没有新中国，《马克思主义基本原理概论》就是要让学生看到社会发展的规律，《思想道德修养与法律基础》就是要学生树立正确的人生观价值观；在内容任务上应该包括这些层次：特定知识传授，特定能力培养，方法论和思维方式训练等，如果这些层次的课程目标被忽视，以一些不相干东西随意填充课堂，则是极大的不负责任，面对课程目标，缺乏相应素质的教师就要对照培训；在课程目标为导向的教学范式下也不能对学生采取简单迎合的态度，学生需要的是引导，什么时候"教"都是主导，否则会导致低效、无效教学，那还有学校制度产生和存在的必要吗？学生的知识需求、教学方式需求、价值需求和情感需求等有的是合理的、值得满足的，有的则有偏差，必须加以矫正，如课堂上吃食物、教师讲过多奇闻逸事和宗教等课程以外的知识，如果是课程目标需要，则可以联系、穿插，但以能够阐明课程内容、贯彻课程目标为限。

总之，大学教育偏于教师和学生都不合适，只有以课程目标为导向才能教给学生真正需要的全面素养，大学教育以课程教育为主要的依托，课程教育是大学教育的主线，所以教育目标的达成必须要依托于课程目标的实现，在课程设置已定的前提下，对课程目标的准确定位及其细分就应该成为课程建设的最重要工作，其他如教学内容的调整、教学方式的选择、教学手段的采用、考核方式的更替和讲授方式的交替等都要以课程目标的实现为自己的指挥棒。课程目标必须明确反复告知学生，在导论课中上好课程自我介绍的这个第一堂课，让学生知道将从本门课程中学到什么——不是学什么，学什么属于教学内容，不是怎么学，那是方法，也不是为什么学，那是意义，能够学到什么才是课程目标。课程目标位居课程最高处，统领学什么、怎么学和为什么学；课程目标必须是经过论证后的显现和水到渠成，这种论证贯穿在课程的整个教学过程中；课程目标必须经过总结提炼，这是在整个课程结束时不可或缺的环节。以课程目标为导向的教学范式当然也要由一线教师去完成，他们的认同和执行力是至关重要的，这里面又隐藏着他们的私有信息，可见对教师教学私有信息的化解事关课程目标的完成，进而关乎整个教学质量的高低。

3. 教育实践和教育目标的对比

这里面有个对比的方法问题，两个事物互相比较，包括比较的项目、落脚点、意义和作用，等等，两者肯定存在差异，最后到底归宿到哪里是其中的重要问题。如果像通常做的那样，落脚到教育标准，教育实践符合标准就通过，不符合标准就拦住，那就是用事先的凝固的标准去框定生动活泼的教育实践，对实践是一种束缚。反之，如果比较的结果是归结到教育实践上，一切以实际发生的为准绳，教育目标就落空了。但是对教育的考察又不能没有参照，实践也不是可以事先完全设想好的，所以需要把两者结合起来，从实践和思考中得出标准，放到实践中去检验实践，同时也受实践的检验，最终推动教育目标和教育实践都能够得到发展。教育实践不同于教育效果，要注意两者的区分，教育目标、教育实践和教育效果三者呈这样上下游的关系，目标确定以后是否可以通过教学活动得以实现，有赖于教学能力和教学艺术等是否具备及其发挥得如何，教育实践成功后，也就是说教育目标准确无误地传达给了学生，但教育效果怎么样呢？也就是说，学生有没有相信并践行呢？这又要依赖于教育实践以外的许许多多的因素，它们三个虽然不是一一对应的，但是辩证统一的，互相制约又互相促进，但教育目标仍然应是三者中的核心，有了教育目标，教育实践就有了方向，核心和方向明确了，教育效果也就有了衡量和矫正标准。同时不可忽视的是教育目标的动态性，随着时代的变迁，教育目标随时可以调整，课程设置也要随之变化，课程和教育本来就是为社会进步服务的，这是教育及其课程的初衷。

（三）教学质量的影响

教学质量的影响是多方面的，我们选择微观学生、中观学校和宏观国家社会三个层次来进行分析。在微观、中观和宏观三个层次下又分别选择学生的自我效能、学校声誉、国家竞争力和社会场域四个维度。

1. 教学质量与学生的自我效能

教学质量低下会降低学生的自我效能。什么是自我效能？自我效能就是一个主体对自己完成某项事务能力的判断，是自我信念体系之一，是个体以自身为对象的自我参照思维形式之一。理解这个概念要注意：第一，它不是指一个人所拥有的实际技能或能力，而是一个人对自己能力的认知、判断和评价。第二，自我效能不是一种纯粹的能力判断，而是具有任务针对性，指个体针对某个任务或活动来判断自己能否完成的信心，或主体对自我在某个方面的能力的感受、知觉和把握，其最终结果就构成了一种自我信念。第三，一个任务的成功不只是来源于自信，而且来自以前的成绩归因，自我效能的产生和运用是一个过程，学生学习成绩就是他们已完成的行为和认为能够完成的行为结果，一个人能不能完成一项任务，不只是自我信念高，而且决定于以前积极性行为结果的解释，对以前成绩的自我归因是新任务成功的一个重要的因素。第四，一个新的任务的成功除了自信，另一个不是以前成功的事实，而是以前成功的自我能力归因。总而言之，自我效能就是一种自信的良好心态。①

自我效能有哪些作用？自我效能对于学生的成长至关重要。

第一，学生的自我效能水平会影响他的随机应变能力。自我效能具有高度领域性特征，它是情境化的，即个体对不同领域、不同任务或情境中的自我效能判断是不同的，不存在绝对普适性的一般自我效能概念，这样如果学生的自我效能水平低，他就不能够在各种情境下应对自如，自我效能水平低既包括在一项特定任务中的自我能力评价较低，也包括他对陌生环境下完成任务的信心不足。这就涉及自我效能与自我概念这两者的关系，虽然自我效能本质上就是一种心理中的自我，这种心理自我会影响个体的自我概念，它们如此发生联系，但它们还是不一样的，自我概念是个体对自身心理、生理和社会功能状

---

① 郭本禹：《自我效能理论及其应用》，上海教育出版社 2008 年版，第 40 页。

态的知觉判断或主观评价，来自个体经验，具有整体性、普适性和稳定性特征，自我效能恰与此相反。

第二，学生自我效能水平影响他的预测能力。自我效能可以通过教师示范、以前成功的自我归因和教师的肯定来肯定性地预测其特定行为的发生与变化，但是如果他的自我效能水平没有得到足够的发展，他就会缺乏这种预测能力，也就是说他就不敢预测自己会成功。这也涉及自我效能与自我概念这两者的比较，自我概念不具有理解和预测个体在特定情境中如何行为的操作能力，因为如前所述，自我概念是整体性和一般性的，因此一个个体不会知道在特定情形下他会怎么样。

第三，自我效能水平会影响学生自动力和创新能力。自我效能具有动力性功能，如果他的自信心强大，那么做起任何事情来都会积极主动，敢于努力，而不管外界评价怎么样；反之，他自身的发动机就会弱小，也许他实际上很有能力，但就因为这一点而受到压抑；如果与"自尊"比较，自我效能的发动机功能更加突出，自尊也是一种自我认知评价，它注重的是自身各方面的有价值品质，是在做人问题上的总体评价，而自我效能是在具体做事问题上的自我评价，做事就有一个"敢不敢做"的问题，就有一个自我发动的问题，我们在教学实践中看到有的学生干什么都唯唯诺诺、胆子小，这就是自我效能不足的表现，缺乏自我督促的胆量和自我精神支持动力，而今天大学就是要培养独立思考、勇于创新的人才，自动力不足的学生将很难适应创新时代的要求。在自动力这个问题上，努力比能力重要，可是大学教师往往忽视两者的区别，也缺乏在如何对待学习困难的学生方面的恰当的专业性知识，其教学达不到这样精细的地步，必然使教学目标的实现大打折扣。

教育教学目标没有完成的、低下的教学质量又是怎样影响学生的自我效能的呢？第一，自信也要靠他信来培养，偷懒的教师不会用心去培养学生的自信，有时甚至是以教师地位的强势姿态对待学生，其实他并不了解学生的真实状况，也就是说这样的教师没有给予他的学生以他信，从而影响了学生的自我效能的建立与提升。第二，学生因缺乏锻炼机会而丧失自我效能，偷懒的教师往往不注意学生锻炼机会的问题。

所以，教师以低要求帮助学生完成课程成绩，不如教给学生完成课程的方法和能力；教给学生方法和能力不如赠送给学生以自信；给学生以空洞的自信不如历数他已经取得的成绩；历数他已经取得的成绩不如肯定他的这些成绩来自他自身的素质和努力。

2. 教学质量与声誉管理

学校声誉是社会各界对学校的认可程度，凝结着对大学精神、大学行为、办学条件和大学贡献的感觉、印象和认知，它属于无形资产，对高校办学，甚至高等教育具有重要意义，其影响因素多种多样，如高校的合并重组、更换名字、搬迁、媒体宣传等，但这些都可归为外在因素，而学校自身的内在因素才是更重要的，教学质量就是一种重要的内在声誉因素。

学校声誉通过学生及其毕业就业率、工作能力在社会上传播开来，教学质量形成品牌效应，影响学校下一次的招生、招聘、经费筹措、评级，等等，总之会产生全面性的后果。

因此，声誉管理对建立、维持和提高与公众的信任关系，促进学校发展有重要作用。树立声誉观念、运行声誉制度、妥善的危机处理技巧和声誉投资等均能够提高声誉管理水平，但是本书仅强调提高教学质量的重要性，因为它是高校声誉的基础、核心。树立声誉观念是强调认识声誉管理的必要性，它确实在拨款、捐赠、就业、学费、生源和师资等方面有利于高校的可持续发展，但它终究要落实到教学质量上；声誉制度通过设立损益声誉的奖惩机制、声誉管理职能化和高层化等可以真正落实声誉管理，但它也必须依托于高水平的教学质量；危机处理包括预警、处理，能够化险为夷，不断克服声誉的不稳定性、主观性、评价主体多元性、脆弱易毁性，但一个大学的声誉如何还得靠质量口碑；声誉投资，即投入资金等改善与媒体、政府、公众及内部教职员工和学生的关系，肯定会对学校发展带来综合性收益，但宣传胜不过实力，附加品敌不过核心产品。总之，教学质量与学校声誉息息相关，高校之间从旧体制下的无竞争，到改革开放后的数量规模竞争，再到声誉竞争，竞争层次逐步深入，那么靠什么获得声誉呢？就看谁能抓住根本了，人们不可能面面俱到，学生最贴近的就是教师的教学活动，而大学的本质就是培养人才，唯有教学质量才能提升人才质量，所以教学质量乃为声誉之根本。

3. 教学质量与国家竞争力

国家竞争力是国家在世界竞争中的综合性能力，涉及经济、政治、文化和社会各个方面，包括国家为企业等组织提供创新基础与机会的能力、提供具有吸引力的产品与服务的机会与能力以及提高本国人民生活水平的能力，等等，国家竞争力的意义在于人的全面进步与经济社会整体水平的发展。

国家竞争力可以从竞争结果和竞争力决定因素进行评价。从竞争结果进行评价是一种事后的终极性评价，指标有人均国民收入、贸易竞争指数即进出口差额与进出口贸易总额之比、相对国际竞争力指数即某个产业或产品的国内生产与消费之差和整个国内生产总额和消费总额之差的比等，它简明但掩盖了成本，提高国家竞争力的背后可能是资源环境和公平分配等问题的严重性，而后者是发展的后劲，也是生产力。从竞争力决定因素进行评价是一种事前的过程形成性评价，建立在大量统计数据和调查数据基础之上，是比较全面和完善的综合要素评价法，但它有一个多要素汇总合成的问题，在现实中所有因素交错在一起，每个因素对竞争力的影响程度难以直接观察，因此各因素的权重确定主观成分重，而当所选择的各个因素之间存在正相关或负相关关系时，计算结果往往放大或缩小实际情况，从而降低评价结果的准确性。这样两种评价方法各有利弊，但其共同点是科学技术的共同参与，科技既可以提高其中有利的一面如利用科技力量增加人均GDP，又可以减缓其弊端的一面如治理环境污染，它也是竞争力综合决定因素的重要组成部分，从而增强评价方法的实用性。

从国家竞争力的历史看，国家之间竞争的主要因素已经发生了变化，国家地位随之变迁，政治军事对峙变成了今天经济科技的较量，2005年10月美国两名参议员向国会提交了《迎击风暴》咨询报告，其中表示，"对其他许多国家在不断积聚实力而美国的经济领导地位所依赖的科学和技术的基石却逐渐被腐蚀深为关切"，显然他们把科学技术提到非常高的程度。2006 年 2 月，布什又签署了《美国竞争力计划：在创新中领导世界》，强调为保持美国的竞争力，必须继续在优秀人才和创造力上引领世界。

习近平主席曾经多次看望知名专家，听取对深入实施人才强国战略的宝贵意见和建议，习近平主席反复强调广大专家是我们党和国家的宝贵财富，在人才队伍建设中起着高端引领作用，在科技、经济、文化和社会进步中起着关键支撑作用，是党执政兴国的重要依靠力量。习近平总书记提出，"要择天下英才而用之"，"要在全社会大兴识才、爱才、敬才、用才之风"，"要树立强烈的人才意识"，"工程科技人才队伍是开创未来最宝贵的资源"，"创新的事业呼唤创新的人才"。[1] 可见，今天的国际竞争主要是人才竞争，站在国家层面，如何才能培养优秀人才？人才培养靠的是教学质量，所以教学质量关乎国家竞争力的高低强弱，国家竞争力和高校教学质量之间存在一条转换路径。

4. 教学质量与社会场域

教师作为教育者是社会变革的直接主导力量。

（1）教学教育质量是社会整合的保证。"教育社会学"的早期思考源于对 19 世纪欧洲的社会动荡，资本主义工业革命之后，劳动分工及专业化逐渐渐加深，家庭不再是生产与教育的基本单位，父母们没有能力也没有时间担负起教育及训练子女就业的所有责任，学校制度的创立取代了过去家庭教育的大部分职责，由此教育普及化、社会化，教育发生革命性转折，同时，传统社会制度的消亡和现代社会制度的形成，引发了社会的分化、复杂化，产生了变迁过程中的失范问题，这就要求社会整合，使得个体价值社会化，使得新的社会秩序能够维持，那么谁能担当起这一历史重任呢？教育及其质量，于是教育成为个体、生产和培训等全面社会化、社会联合和社会控制的主要工

---

① 付天：《习近平的人才观：择天下英才而用之》，http：//www.wenming.cn/djw/sy/jjq/tt/201406/t20140621_2017727.shtml，2014 年 6 月 21 日。

具，这是教育的起源性、总体性目标，从一开始教育的目标就是实用的，即实现社会整合功能，即使是人的价值这种高层次的精神性思维在社会整合需要面前也成了工具。教育是一种协调社会、稳定社会、改革社会和导入社会的有目的的社会行动和社会技术。

教育社会学先驱埃米尔·涂尔干认为，教育本身作为一种社会现象，其目的在于对个人进行社会教育，社会只有在它的成员具有足够的同质性的时候才能生存，这对于分工社会尤其重要，分工的扩大伴随而来的是社会成员道德心的个性化，以及由于专业化影响而形成的利益异质性，社会需要协调一致来缓和、调整和控制各种利益而使社会团结起来，现代社会特有的这种分化现象是创造个人自由的条件，个人有可能享有判断和行动上的自主权，但是，在这种个人主义社会里，居于首位的问题在于保持最低限度的集体意识，没有这种集体意识的最低限度就会导致社会的解体，在一定程度上，个人应该是集体的表现，这种社会需要一种集体性良知。集体性良知包括思想层次、组织形态层次，乃至物质基础如人口数量和密度、通信和建筑等层次，它们作为社会中无数个人共同的道德和价值准则，使个人能够凝聚在一起，而这些道德和价值准则中的相当部分是由学校教育灌输的，通过教育个人的存在转化为社会存在，这是把一群个体组成一个社会的有机关联类型，与之相对应的是"机械关联"，"机械关联"是社会呈现简单社会分工时的一种出于彼此相似而形成的关联，在这种社会里个人之间的差异不大，他们有着同样的情感、赞成同样的道德准则，以及承认同样的神圣事物，这时个人之间还没有分化，具备同质性，社会运行包含着对偏离同一性的自动的、严厉的惩罚，以此来维系社会的整体存在和均衡发展。可见，高质量的教育教学对于社会，尤其是社会分工高度发达的社会是何等重要，这种教育社会学研究的内在理念是"进步主义"的，即相信学校能够改善社会状态。

（2）高质量的高校教育教学与社会形成良性互动。教育领域问题从来就是根植于社会的，学校作为一种复杂组织是社会制度结构的一部分，它与一个社会的主要结构成分如家庭、宗教、教育、政治、经济和健康等机构时时发生互动，例如家庭对教育的态度会影响孩子对学校的反应，学校的知识和价值观教育对于政治和经济等的运行也产生明显的影响。人力资本理论由舒尔茨于 1960 年提出，重点处理教育与生产系统的关系，说明教育对生产力和经济增长的贡献，导致了将经济增长与教育扩展联系起来的针对性研究。贝克尔（Becker，1964）又强调了教育提供的经济与社会收益，教育具有重要的再分配性效应，从 20 世纪 50—70 年代中期，教育都被看作经济增长的贡献者。教育和社会其他各个领域之间具体地何以发生互动呢？第一，社会其他组织的结构被高校采纳，最典型的就是社会学之父马克斯·韦伯的科层制，科层制用程序规则把人们联结起来，使得熟人社会陌生化，学校结构广泛接受了这种模式；第二，高校研究的价值观成为对社会行为的过程和后果提出主观因果解释的依据，社会以其经验性事实反复被其成员所体验，社会事实独立于任何一个单一个体，普遍渗透于社会群体或整个社会中，个体的社会性使他必然顺应这种事实，社会事实进而成为其成员的外在约束力量，这样社会事实成为社会的团结力量或者社会凝聚力，即将社会成员维系在一起的纽带。

（3）教育为社会重建服务。受教育者对待所受教育的态度不同，有的人直接参与知识的生产，有的人只是吸收特定社会集团的世界观，他们自私自利之心严重，是社会公平和效率的绊脚石，这种情况必须遭到拒绝，教育要不断地传递和规范新的价值和责任，教师则是一种"中间站"，通过教师，接受教育的人认同和内化教师价值观，达到其有效更新社会化的水平；教育在当今社会履行着双重功能，一方面以再生产和积累的方式确保社会的秩序，另一方面以允许个体自主性的发展、积极参与和尊重少数人群和文化的多样性的方式促进民主化，"谁的科学？谁的知识？"这样的问题凸显，进步性和再生产之间的联结机制是量变产生质变和民主宽容，也就是说，如果没有民主宽容，教育就只有不断重复式的再生产、没有进步质变；若天天发生质变，就会失去社会稳定性和人们的预期需求，使社会变得一团糟，最终浇灭社会进步，所以首先是再生产，保持稳定。同时对于个性、变异、反传统和反权威现象给以生存空间，借助量变到质变的规律，社会最终获得进步。这种教育社会学研究的内在理念是相信功效，即认为教育组织能够抵消上层阶级特权的滥用,相信科学的进步作用,这也反映了社会学家不仅仅关注知识如何被传递,而且重视知识本身的性质。

(4)学校隐性课程对学生未来社会化的塑造。教师在课堂上代表一种权威,他站在前面、讲台上面和讲台中间,头脑里装着学生未知的东西,因此拥有组织教学、管理学生和传授知识的权力和责任,教室中临时团体生活的报偿体系和权威结构等形成了独特的学校气氛。这些学校组织的特征性规则、法规和常规就是隐性课程,它在学校政策及课程计划中未明确规定,是非正式和无意识的学校学习经验,与"显性课程"相对应,"显性课程"即学校有目的、有计划传授的课程、学科知识,是学校课程表内列入的所有有组织的活动;隐性课程或隐性课堂对学生的社会化产生了潜移默化、不可避免的影响,实质履行的是类似于学生将要进入的社会维持共识的功能。

(5)教育产生社会流动性。教育不仅是训练就业技能,更重要的是将人们进行分类和筛选,决定哪些人可以获得较好的职业,在当代社会中,个人的职业成就大体决定于教育程度,在高等教育大发展的今天,出身富贵者和贫贱者可以通过所接受教育的差别发生社会地位的逆转,这也是社会进步的表现,而这反过来又会进一步促进社会的发展,社会地位的可变性给年轻人带来希望和曙光,也减缓了社会各阶层之间的对峙和敌视,一个人可以通过自己的努力而获得成功的社会是富有生命力的。当然,不同社会阶层子弟的教育机会也存在不平等现象,"可教育性"概念涉及不同社会阶层学生期望的学业成就和他们实际成就之间的差异,它暗示学业成就的差异或许是不同文化和社会条件差异的结果,教育成就低主要不是个人缺乏能力的结果,而是缺乏机会,这种社会条件的机会是不同于社会阶层学生在校外经验的,对教育决策者和研究者来说,识别和改变那些限制学业成就的低阶层文化是必要的和可能的,这种试图使较低社会阶层家庭的态度和行为满足学校要求的政策,被称为"补偿"教育。

(6)教育提高社会资本。社会资本指的是处在网络或更广泛的社会结构中的个人动员稀有资源的能力,受过良好教育与培训的个体往往能够进入资源丰富的社会圈子和团体，2003年，美国密歇根大学的戈德达德（Coddad）采用定量方法分析社会资本对学生学业成功机会的影响，研究证实：具有高水平社会资本学校的学生在高水准的数学和写作国家评估中通过率更高，社会资本与学生成就之间具有中等正相关。

（7）来自教育的所谓资格在风险社会中贬值。市场经济社会变动不居，随时带来风险和机会，充满不确定性，可谓是一种风险社会，今天的教育在有助于产生社会流动性的同时，必须更加注意个体能力的发展以控制风险机会，在风险社会中资格贬值，大学教育实践必须在课程和课堂中训练个体，使他们融入学生自身即为主体的学校中，而不是由于其经济或文化出身的原因而被疏离，我国的大众教育就是这种理念的一种非常典型的教育实践，每个学生的出路决定于其自身的训练成果，而不是他来自社会哪个阶层。

三　教学质量现状的各种解释及其评价

（一）教学质量现状的各种解释

既然教学质量如此重要，那么又是什么制约着它呢？我们的教学质量为什么比较低呢？人们给出了多种解释。

第一种是工具理性主义。工具理性主义就是学校把学生按照发展经济的工具来培养，而教育的本质应该是培养精神、知识和技能完整的人，两者是相悖的，工具型模式沿袭多、创造少，对教授知识的重视超过开启智能；忽略对学生情趣、道德和价值的教育，满足于用单纯的专业知识育人；在很大程度上丧失了学术耐心和敬仰，急功近利于谋生手段的教导；其氛围难以产生需要长期"坐冷板凳"的学术"结果辉煌"。

从历史上看，理性主义具有对宗教神秘主义的进步性，它反对神对人的统治，主张人要在现世实现自己的理想，而不寄希望于缥缈的来世，把上帝拉下了权威的宝座。但接下来却空虚了精神，人在当下的进取心变得极端功利，并且认为人定胜天、科学技术无所不能，这种信念结合市场经济造成物欲横流，于是以神为本又异化成了以物为本，背离了文艺复兴、思想启蒙的初衷，还是漠视了完整人格的塑造。

第二种是流水线生产。流水线生产讽喻高校扩招，师生比降低，减少了师生间直接沟通和交流的机会，就像工厂的物质生产流水线一样，产品整齐划一、没有生命和特色。它同样背弃了教育的本质和根本职能，教育质量下降在这种模式下也是必然的，这也是大众化教育潮流与教育质量保证的矛盾，是一个相当宏大的课题，恐怕是回归教育理念、把握教育本质的思路无法解决的，认为必须双管齐下，大众教育和精英教育并举，不能因教育质量受到影响而完全回归精英教育，这违背社会进步，也不能因为要顺应社会进步要求而放弃教育质量，否则就失去了大众教育的意义，所以针对不同的教育目的、目标、资源等进行分层次教育，培养的学生或侧重于研究创新，或偏重于沿袭实用，各有所需，是现实的选择。

第三种是投入不足。我国财政教育经费支出占国内生产总值的比例达到4%已经明确写入国家教育事业发展"十一五"规划纲要，"十三五"规划对教育行业的建议是普及高中教育，推进信息化，2015年11月3日，新华网受权发布《中共中央关于制定国民经济和社会发展第十三个五年规划的建议》（简称《建议》），对推动义务教育均衡发展，普及高中阶段教育，促进教育公平，推进教育信息化，发展远程教育，扩大优质教育资源覆盖面提出了明确要求。投入和宏观政策是教育的基础，但若没有完善的教育投资体系，它的作用将微乎其微，为了投资的效率，需要利用择校机制、考评机制等在高校之间展开管理水平和教育水平上的竞争，在教育投资主体多元化的形势下，还需要加强高校产权制度建设。

其他解释还有扩招致使的入学门槛太低、生源师资问题等。

以上各种宏观解释不可或缺，但仔细想一下，其实无论怎样的措施最终都要落实到教学环节，所以改变现状，应该把思路集中到教学上，而教学关键是教师，教师的素质直接影响到其产品即学生的质量，一个教师如果没有创新精神，就很难把这种精神传达给他的听众，其间的信息力量对比是一个重要因素，即要有一个微观角度的解释——师生信息不对称。

（二）教学过程中的信息不对称及其原因

教学属于知识性劳动，与体力劳动相比，具有以下特点：第一，从劳动的态度上看，努力程度难以量化。第二，从劳动的过程看，劳动付出隐蔽。教师的授课具有专业性，他讲授的基础知识是不是准确、有没有向学生介绍理论前沿，这些环节很难由外行人判断。第三，从劳动的效果看，成果不易衡量。教师的劳动成果不能够分割，不能以计件的方式来衡量，一门课程的设置总有其课程目标，教师应该把该门课程中基本的知识、方法、技能和理念教会学生，并在思想精神上进行正确的引导，但这样的效果是否达到很难考核，一是学生数量众多；二是教学效果形成于多个教师、多个渠道，无法归责；三是这些效果的充分展现需要一个长期的过程。总之，教师的劳动是一种良心活，从劳动开始，经历劳动过程，到最后结果都贯穿着劳动的神秘色彩，呈现一种严重的信息不对称状态，学生与教师之间的知识非对称性，形成了教师的教学私有信息，成为信息优势一方，学生为弱势一方。学生损失是隐性的、长期的，又由于好恶趋同心理，学生个体对教师渎职者的负面评价不知不觉地降低了，好恶本来具有个体性，人的好恶都有个体特点，但在从众心理作用下，一个人的所好或所恶会趋同，这也无形中助长了教师的"窝工"即减少劳动付出。

经济学中经济人的假设也适合于教学分析，教师作为经济人，一是有自利动机，作为经济人，他只为自己的利益考虑，不会顾及他人和社会的利益，但是他不损害他人利益，他人受益还是受损只是一种客观结果；二是有计算投入产出的理性，这种理性使他尽可能少付出，多获得，只要外部监督缺失，他就会成为机会主义者，制度空隙间没有正确价值观的填充。这样的内在动力与信息优势相遇，就使教师少投入多产出的经济人追求得以完成。当然，我们论述的偷懒只是一种现象，教师的异质性使得这种现象不一定具有普遍性，不同的教师或同一个教师在不同的时间场合，其教学劳动表现是不一样的，有的人或有的时候敬业有加，无须外界强烈的监管，有的人或有的时候则相反。

知识性劳动的教学客观属性与经济人的主观假定共同形成教学过程中的信息不对称，即知识性劳动的教学客观属性是教学私有信息的客观原因，而教师经济人假定则是教学私有信息的主观原因。

师生之间信息不对称还会导致偷懒问题的产生。教师偷懒是对师生之间、教师与学校之间委托—代理关系的违背，在师生关系中，学生是教师的委托人，教师是学生的代理人，在教师与学校之间，学校是教师的委托人，教师是学校的代理人，从委托—代理关系的制度设计初衷来讲，代理人本应服务于委托人利益的实现和增进，但委托人的利益实现和增进对于代理人来说是一种外在利益，从心理学来讲，委托人身处委托—代理关系当中却没有克服掉人的焦点心理效应，焦点心理效应即人们会特别关注与自身相关的事情，并会有长久的记忆，过高估计了自己的衣着、心情和利益等受到他人关注的程度，身处委托—代理关系当中的委托人不但没有注意代理人的焦点效应心理，反倒基于委托—代理关系不知不觉地站到了经济和法律的角度而让它得以巩固放大。殊不知，代理人首先想到的是自己的利益偏好和代理成本，他具有偷懒的内在动机，他是一种经济人，有其机会主义倾向，而使偷懒能够变为现实的则是契约的不完全性和信息不对称。这里相关的几个概念之间的关系是这样的：师生校之间的委托—代理关系建立—教师经济人假定—偷懒—契约不完全和信息不对称—偷懒成功—教学质量下降。这里与偷懒相近的概念是"寻租"和"搭便车"，偷懒和"寻租"都是利益的不正当获取，但两者又存在差异，偷懒是既得利益如高校教师时间等的保有和不付出，而"寻租"是在既得利益之外获得新增利益，它的依仗比偷懒更多，如权力"寻租"，也就是说，契约不完全和信息不对称可以用于偷懒，也可以用于"寻租"，而偷懒只能利用契约不完全和信息不对称，利用权力少付出、多获得可以不叫作偷懒，而是明目张胆地违法犯罪；"搭便车"既是一种偷懒，也是一种"寻租"，从不付出的角度看，它是偷懒，从获得新的利益看，它又属于"寻租"。"搭便车"的前提是存在共同利益[1]，实现途径是自己隐瞒对公共利益的需要或隐而不宣，每个大学都提供

---

[1] 徐秋慧：《高校教师偷懒行为的经济学分析》，《中国人力资源开发》2010 年第 1 期。

给教师一定的共同利益或集体利益，这种共同利益或集体利益属于一种公共物品，按照西方经济学的原理，公共物品是一种市场失灵，因为它有两个特点：大家可以共同同时使用，不易以收费的形式排除他人消费；大学的公共利益作为公共物品，一是增加一位教师享用这种利益不会影响其他教师的享用，如学校的平台和声望可以供全体教师分享；二是学校不能排除不付出、少付出的教师享用这种利益，客观上每个人对学校的贡献是不一样的，但每个人都认为自己做出了重要的独特的贡献，享有共同利益是理所应当的，大家贡献大小难以鉴别，这样偷懒耍滑者照样分享别人付出代价换来的好处，因此作为独立的个体，教师一般都有偷懒的激励，偷懒建立在公共物品客观存在的基础之上。

（三）信息不对称与教学质量的关联机制

师生之间信息不对称不一定导致教学质量差，如果说在教学实践中两者具有关联，信息不对称表现为因，教学质量差表现为果，那它们之间必定存在中间的机制，其中主要的关联机制是教师偷懒和师生低水平上的博弈均衡，下面分别进行分析。

1. 教师偷懒

信息不对称首先影响的就是教学质量和学生的质量，偷懒是其中的关联机制，它影响了高校教学的有效性。具体来说，偷懒表现在以下方面。

（1）教学态度。在认真的态度下，教师会钻研教材、广搜材料、用词严谨等；不认真则会满足于皮毛、大面的知识，不求甚解，照本宣科，学生可能认为这门课就是如此，接下来也跟着混。

（2）教学内容上。包括基础知识讲解是否清楚；反面观点是否介绍评价；是否联系实际运用基础知识，等等，学生限于专业知识的缺乏，往往看不出来。信息时代知识日新月异，教师应该站在专业知识的前沿，给学生提供知识演进的脉络以及最新的知识景观，激发学生潜在的探究热情，不能认为解释了书本知识就算完成了教学任务，还应该对现有的知识和争议进行评价，对知识进行拓展。国际化背景下的高等教育将在世界范围内，通行各国高校之间相互承认学历和学位，这就需要每个高校及时调整自己的培养目标与教学内容，既要实行学生个体和国别的政治、经济、文化、历史、地理和价值观等方面的差异化教学，又要融入世界潮流，将在很大程度上增加高校教学的难度，但却是适应高等教育发展国际化必然趋势的要求。

这里存在一个有效教学评价问题。

第一，应重视专业知识运用能力的培养。大学教学到底应该追求什么，要达到什么样的效果，是搞好教学的根本问题。目前人们特别强调能力的培养，能力是一个非常宽泛的概念，包括学习能力、创新能力、社交能力、运用专业知识能力，等等。这种观点把教学过程视为师生共同参与的信息加工过程和认知结构再构过程，强化学习技能训练，让学生对所学内容进行深层加工，成为学习能力强、学习效率高、学业成绩好的主动的信息加工者，使学生成为知识构建的主体，教师定位在教学过程的重要参与者、主导者。这本身没有错误，但对各种能力的培养似乎平起平坐，没有次序，我认为还是有所突出更具有现实的可操作性，那个更需突出的能力就是专业知识的运用能力。这种运用能力包括专业知识的管理能力、市场经营能力、创新能力，等等，如果没有这种能力，社交能力、创新能力和学习能力等就是空中楼阁，失去依托。有些学生把社交能力放在能力培养的第一位，把专业能力反倒放在了后面①，他们看到了社会化大生产条件下分工合作的需要，但终究是舍本逐末。有知识的人、会运用知识的人，在社交中才最受欢迎。对这种现象，正确的态度是科学引导，而不是盲目地围绕它展开教学理念和教学实践的调整。

第二，教学应首先是知识性的。学生知"道"，才谈得上用"道"，教师授"道"，核心就是要把本专业的自然规律或社会发展规律介绍给学生，只有对知识了如指掌，才能对它运用自如。学习过程包括新知识的获得、知识转化和评价三个过程。教学的目的在于使学生理解学科的基本结构，并转化为学生的认知结构。学科的基本结构是指学科的基本概念、基本原理、基本态度和方法，学生理解了学科

---

① 河北经贸大学督导组：《河北经贸大学督导总结》，2010—2011年第一学期。

基本结构，就容易记忆学科知识，就能够促进其智力和创造力的发展。舍此便无以创新发展。为了促进学生良好认知结构的发展，教师必须全面深入地分析教材，明确学科本身所包含的基本概念、基本原理及其相互关系，引导学生加深对教材结构的理解和评价。在教授学生教材结构的过程中，教师应注意教学本身的新异性，同时进行学科间、知识间适当的跨度穿插，难度不能过高或过低，以激发学生的好奇心和胜任感。

学习是一种有意义的接受性学习。[1]

所谓意义学习就是将新知识与学习者的旧知识或头脑中已有认知结构中的观念建立起非人为的、实质性的联系，即某种合理的或逻辑基础上的联系。意义学习需要具备以下条件：首先，学习者认知结构中必须具有可以与新知识建立联系的知识；其次，学习材料具有和学习者认知结构中的一定观念建立联系的可能性；最后，学习者必须积极主动建立新旧知识之间的联系。

接受性学习可以解释为：先在认知结构中找到一些观念，用它们来同化新的知识；然后找到新知识和旧观念的相同点；最后找到新旧知识的不同点，使新概念与原有概念之间有清晰的区别，并以概念、判断和推理等思维活动融会贯通，使知识不断地扩大化、深刻化和系统化，形成新的认知结构。

可见，有意义的接受性学习是一种新旧知识的衔接过程，其基础恰恰是既成知识，没有知识的传授，显然是无法完成的。

从信息加工学习论也可以得出"教学应首先是知识性的"同样的结论。一个完整的学习过程由动机、领会、习得、保持、回忆、概括、作业和反馈八个阶段所组成，在每一个学习阶段，学习者的头脑都进行着信息加工活动，使信息由一种形态转变为另一种形态，而每个阶段都离不开对基本概念和原理的了解。

高校教学改革中一直反对单向灌输的教学方式，因为这种方式以教师讲解为主来进行知识传授，教师偏重于传授概念、定理和知识

---

[1] 河岩：《心理学》，中央民族大学出版社 2000 年版，第 105 页。

的现成结论，使学生处于被动接受的地位，成为填塞知识的容器，但细究起来，这种方式之所以长期存在，说明还是有其合理性的：没有继承，怎么能有发展。当然具体的传授过程中，可以采取问答、启发和讨论等多种形式的师生互动方法，但绝对不能抹杀教师单向讲解的必要性，这不是不注重学生对知识的探索求异，也不会阻碍学生知识运用能力的发展；相反，恰恰是教学规律的要求之一，是学生知识运用能力发展的需要。

（3）教学方法。可以从一系列指标进行考察：方法是否多样；学生表现，即学生是否认真听讲、积极反应；师生是否互动等。学生不大懂这些，但实际上如果教师没有坚实的专业知识，很难驾驭，所以是重要的考核指标。教学方法有助于学生有效学习，教师完成有效教学。

我国传统教学方法是"教师讲、学生听"，学生处于被动和从属地位，学生在课堂上很少主动提问或质疑，和"参与式教学"形成鲜明对比，"参与式教学"是全体师生共同建立民主、和谐、热烈的教学氛围，不同层次的学生都拥有参与和发展的机会，课堂里的各个主体都在以不同的形式分享着教学，他们或讲或听，有的发言陈述自己观点，有的反馈自己对他人观点的看法，有的讲知识的运用，有的谈自己的疑惑，等等，属于一种合作式或协作式的教学法。这种方法以学习者为中心，但必须有教师主导，它能够使学习者更加深刻地领会掌握所学知识，并将这种知识运用到实践中去。

以学习者学习质量为宗旨的高校教学应该利用灌输式、参与式、互动式、研究式、讨论式、案例式、表演式、联系式等多种教学方法，鼓励学生各抒己见，在质疑与争辩中寻找问题的答案，通过多样化的教学方法，教师为学生创造了学习与探索相结合的机会，非常有利于学生学习能力和创新精神的发展。

以上方法从心理学角度看，都是通过强化参与者的自我意识来提高学习效率的。如果还想进一步巩固这些方法的效果，那就需要用到强化的方法。根据学习理论，学习实质上是一种反应概率的变化，而强化则是增强反应概率的手段。如果一个操作出现以后，有相应的强化尾随，则该操作的概率就增加；相反，已经通过条件作用强化了的操作，如果出现后不再有强化刺激尾随，则该操作就减弱，甚至消失。

强化有积极强化和消极强化，积极强化又叫正强化、阳性强化，它通过奖励行为增加反应在将来发生的概率，如教师对积极参与讨论的学生给予表扬，社会对见义勇为的公民给予物质奖励，公司老板给努力工作的雇员加薪重用等；个体通过被积极强化的愉快体验，不仅可以学会应该做什么、不应该做什么，而且可以学会在什么时候做、什么时候不做。

消极强化又叫负强化、阴性强化，它是通过厌恶刺激的排除来增加反应在将来发生的概率。如学生不去选择不易过关的课程，暂时离开嘈杂的教室等；个体通过行为反应来躲避厌恶刺激或不愉快情境，学会摆脱痛苦环境。

消极强化不等于惩罚。当有机体做出某种反应以后，呈现一个厌恶刺激或不愉快刺激，警示有机体消除或抑制此类反应的过程，称为惩罚，如在课堂上当众批评不守纪律的学生。惩罚是通过厌恶刺激的呈现来降低反应在将来发生的概率。大量事实说明，惩罚对于消除某种行为并不十分有效，厌恶刺激停止以后，原先建立的反应会逐渐恢复，因此，惩罚不能使行为发生永久性的改变，它只能暂时抑制反应，而不能根除反应。

积极强化和消极强化都是增加反应在将来发生的概率，只是手段不同，一个是通过愉快刺激，一个是通过痛苦刺激的排除；惩罚则是降低反应在将来发生的概率，它借助的是痛苦刺激。

根据以上学习理论，对良性行为，教师应多用积极强化手段来塑造和巩固；对恶性行为，绝对不能尾随强化，也要慎重使用惩罚，因为惩罚只能让教育对象明白什么不能做，不能让其知道什么能做和应该怎样做，可以有意识地多次反复讲解与这种恶性行为相对照的正确行为是什么。对"学生不去选择不易过关的课程，暂时离开嘈杂的教室"等类似中性行为，可以引导、默认。

（4）教学手段。主要问题是陈旧落后，运用中不能落实教学方法。板书 + 课本的传统教学手段并非一无是处，虽然它的信息形式单一，但它在老师口头讲解的同时出示板书，具有即时性、通俗性和生动性，不过网络课堂、多媒体技术等的运用毕竟丰富了教学手段，包含更多的信息形式，在课堂的讲解过程中，教师也可以运用技术手段控制播放，随讲随放，但它也还是存在自身的问题，如一般都是使用课前做好的课件，缺乏即时性、用语正规而影响理解等，所以客观上需要把传统和现代两种教学手段结合起来，扬其长避其短，取得合成的最佳效果。

教学手段存在的另一个主要问题是，先进教学手段在很大程度上往往仅被当作一种传统教学手段的替代工具，教师依靠自制的 PPT 课件或教材配套的 PPT 课件来取代传统板书，呈现的教学内容增加了图片、视频等，显得似乎信息更加多样生动，但实际上仍然是换汤不换药，还是老式教学方法，缺乏对学生创造力的激发。

（5）教学效果。高校教师授课评价不与考试成绩挂钩，其他软性教学效果指标如学生能力等更无法单独从教师身上考察，这种情况使教师对教学效果容易漠不关心。再说考试等于是生产者对自己的产品进行质量检查，说服力软弱，教学效果控制是一种生产输出控制，如果生产者不对产品负责，当然，也就不会在意生产过程，今后如果在专业设置、招生等方面可以给学校更多的自主权，那么让学校来负责学生就业会增加学校和教师对其产品、也是教育服务的消费者的关心。

教学效果的评价应是全部教学过程的总结，传统上绝大部分只看学生的期末成绩，平时成绩比例偏低，而且偏重出勤、平时作业，实际上教学质量即学生质量更多地来自课堂的积极参与，在学生之间以及师生之间的互动讨论中，学生会不断地感悟新知识，对基础知识的把握也更加准确清晰。

以上教学内容是整个教学的最重要组成部分，是其他各个环节的基础，属于"教什么"，比较"如何教""用什么教""教成什么样子"等显然更加重要；教学态度是保证，教学方法和教学手段促使教学内容能够深入人心，教学效果是最终评价，它们互相影响、互相制约，共同完成教学过程，体现着教学质量中心论理念。

总之，新形势下的高校教学模式应该贯彻教学态度的敬业性，教学内容的基础性、时代性和国际性，教学方法的差异化、互动式，教学手段的先进性，教学评价的全程式，而且教学模式的各个方面又是辩证统一的关系。

需要强调的是，偷懒只是一种现象或可能性，大部分教师在大部分时间还是克己敬业的。

2. 师生低水平上的博弈均衡

师生低水平上的博弈均衡是指教师和学生为了各自利益互相讨好对方，给对方以高的评价，以此换取对方对自己的高度评价，最终师生都获得了满意的状态，谁也不想改变这种状态，从而形成了一种均衡态势；但是这种均衡包含虚构的成分，他们很大程度上放弃了自己的批评权，不利于师生共同发展，所以是低水平的均衡。造成低水平均衡的因素是：

第一，师生都是理性人。教师需要学生的评教，为了得到学生的好评，他就要放松对学生的要求；否则，他即使对教学付出非常多，也很有可能受到学生的多种负面评价，相应地，学生为了得到教师的宽松待遇，获得高的分数，违心地给教师打高分。师生的理性人本性是其互利的心理契约的坚实基础，其心理契约即一系列彼此期待的主观信念，或者说是教师和学生双方相互期望的一种集合。这里的理性不是探索真理的理性，不是谋求师生共同进步的理性，不是共赢的理性，而是最小投入—最大产出的经济学理性，是短视的理性，是共输的理性。

"理性"可以分为哲学理性和专业理性及经济学理性。思想史里的哲学理性或者是指人所具有的探索真理的能力，或达到真理认识的某一认识阶段。有时认为理性本身的能力是有限的，有时又认为理性揭示真理的能力是不可怀疑的。当代人的讨论中有人提出意识论、认识论和人性论三个层次论，意识论不仅包括人的理性认识的活动，而且也包括人的有意识、有目的的感觉、知觉和表象等感性认识活动；认识论的"理性"是指人认识事物本质和规律的逻辑思维形式；人性论说"理性"是指人的抽象的逻辑思维能力以及受这种思维能力所支配的人的理智的、克制的、自觉能力和存在属性。还有人从本体论、认知论、伦理观、实用性四个方面加以界定理性。本体理性认为,世界具有合乎理性的本质;认知理性认为,人天生具有一种认知能力,能透过现象把握本质规律;伦理理性把价值观念作为理性的重要规定,和正义、真理、公正、至善等美好词汇相联系,它表现为对道德真理的全部占有;实用理性认为,理性仅仅是作为实现目的的工具或手段,理性观念在具体的实用效果或功利作用之前,本身没有价值。还有学者从认知理性、实践理性和评价理性三个角度来理解把握哲学理性。综合哲学理性的横向和纵向成果,笔者认为,哲学理性最核心的含义还是应该指向其认知性,即认识客观事物的本质和规律。

专业理性指具体学科领域的具体学理和原则,如法律依据证据断案、文学靠形象表达思想,等等,经济学理性是指最大—最小理性,它在市场经济条件下往往成为一种现实理性或者说实践理性,实际压倒了哲学理性和专业理性。如此说来,难道说哲学理性和专业理性就没有自己的现实性吗?就不能在现实中得到贯彻吗?答案是两者有自己的现实性,但是,在长期中、在更高的实践层次上和更宽广的实践空间里,在那里哲学理性和专业理性以施以理性主体的压力来强制地为自己开辟道路。师生关系也不例外,从哲学理性看,应遵循疏导、激励等教学本质和规律,从教育学的专业理性看,他们应该相互促进、教学相长,做到教师对学生严格要求,学生对教师给予客观评价,但现实通行的却是经济学理性,不过,学生就业的压力和教师在更大发展空间的挫折终将使哲学理性和专业理性发扬光大。

第二,师生彼此利益制约。如果不存在教师评学和学生评教,教师只管教,不管学生学不学,学生只管学,不管教师教得好不好,也就不会产生彼此关系的均衡或失衡问题。当然,如果这样,教育也就消失了。正是师生之间的相关性和制约性,才与其他因素合成产生了低水平的均衡。

第三,师生博弈性互动的行为方式。

师生博弈

		教 师	
		合作	客观评价
学生	合作	2，2（教师，学生）	2，1（教师，学生）
	客观评价	1，2（教师，学生）	1，1（教师，学生）

如果师生合作，也就是允许双方以不大的努力获得好评，各得支付 2，是最高的收益，双方都达到了满意的均衡状态，会持续下去；

如果师生都采取客观评价的态度，即对方要获得好的评价，就必须付出相应的努力，否则只能得到较低的分数，在理性人的假设下，师生都较不努力，所以只能分别得到 1，是各自的最低收益，谁也没有吃亏，谁也没有占便宜，但这是理性人的双输格局，只能是暂时的均衡，会趋向于 2，2（教师，学生）；

如果教师对学生做出客观评价，给出学生分数是 1，学生合作，给出教师的分数是 2，则形成支付 2，1（教师，学生），理性的学生吃亏了，是一种失衡状态，下一步也许学生会"报复"，形成 1，1（教师，学生），这种双输状态促使双方会向着 2，2（教师，学生）调整。

如果学生对教师做出客观评价，给出教师分数是 1，而教师合作，给出学生的分数是 2，则形成支付 1，2（教师，学生），理性的教师吃亏了，也是一种失衡状态，下一步也许教师会"报复"，形成 1，1（教师，学生），这种双输状态也会促使双方在长期中向着 2，2（教师，学生）调整。

因此 2，2（教师，学生）是师生博弈的稳定均衡。

可见，师生低水平上的博弈均衡是信息不对称与教学质量的中间环节，没有低水平的博弈均衡，即使存在信息不对称，也不会影响教学质量。

第二节 传统管理理论的历史演变及特点

传统管理理论重视物质精神激励，忽视信息管理。本节将围绕每个理论的主张、背景、目的、效果、问题、问题的背景、改进等方面，概述管理理论的历史演变，并从中找出与研究有关的几条线索，总结理论整体特点，即做一种管理理论述评，以便引向后面的信息管理的必要性。

一　管理理论的历史演化

（一）早期管理思想

从人类社会产生到 18 世纪。人类社会的实践活动是一种集体性质的，需要组织协作，这样管理思想就在集体劳动实践中逐渐产生了，人财物权的有效组织安排保障了古代许多伟大工程和事业的完成，如埃及金字塔、中国万里长城和古罗马帝国等。但是这些思想和做法只是完成任务的需要，人们没有主动有意识地去专门地思考管理问题，还不是系统的理论，零星分散，不利于传播和发挥更大的作用。

（二）管理理论的萌芽

18 世纪到 19 世纪末为管理理论萌芽时期，管理活动被有意识地注意和分析，对社会实践具有更大的作用，但仍然没有形成系统的理论形态，社会实践依然是理论基础，这时的主导性社会实践是资本主义大机器生产，生产规模、市场、技术等都变得空前复杂庞大，单靠传统的经验难以应对自如，如何管理变得至关重要。

这一时期关于管理问题的论述主要有：①计件工资效率最高。产品的不同归属起着不同激励作用，有的情况是产品全部归生产经营者，或分享制，或按照工作量得到报酬，或按照工作时间得到报酬，或产品全部归属他人，如奴隶制那样。②人和机器的关系。机器使劳动者的工作日益轻松、效率提高，可能代替一部分人的劳动。③规范动作、缩短工时。工人作业要细分、精确而快速，分工可以缩短工时，这样做的目的是适合最终的目标，这个最终的目标肯定是商业利润了。④劳动分工和专业化。包括国家专业化、公司专业化和个人职业的专业化。⑤对管理者的要求。如远见、不屈不挠的精神、监督指挥能力、谨慎又决断、丰富的事务性知识和专门的职业知识、忠诚热心、自力更生和敏捷的品质等。⑥关于管理职能。不同的经济学家分别强调了计划、培训、组织或控制。⑦所有权和管理权可以分离的思想。经营管理者利用他人的资本实际上是在无其所有权的情况下对它行使管理权，他要冒丢失财产和声誉的风险。

（三）古典管理理论

古典管理理论是指 20 世纪初泰罗科学管理理论出现到 20 世纪 30 年代行为科学理论出现前这一阶段，是管理学的开始，古典管理理论包括泰罗、法约尔、韦伯及其理论系统化者厄威克、古利克的理论。

泰罗科学管理理论主要有：①科学管理的核心问题是提高劳动生产率。为此必须挑选熟练的工人，把他们的每一项动作，每一道工序的时间记录下来，这些时间再加上必要的休息时间和其他延误的时间，就得出完成该项工作所需的总时间，据此制定出"合理的日工作量"，这就是所谓的工作定额原理。然后使工人掌握标准化操作方法，使用标准化工具，机器和材料，并使作业环境标准化，这样大家都按照科学方法而不再是经验方法来工作。为了督促和鼓励工人完成或超额完成定额，还要配套实行有差别的计件工资制，完成的任务多得到的报酬就多；反之就少。②工人和雇主的利益一致。劳动生产率提高后，工人可以得到更多的工资，雇主可以赚到更高的利润。③例外管理。即上一级管理人员把一般的日常事务授权下一级管理人员，而自己只保留对例外事项的决策和监督权。

使法约尔著名的是其管理过程理论，主要观点有：①管理职能是企业职能的一部分。企业职能包括生产技术职能、购销类商业职能、负责资本运作的财务职能、成本核算职能、保护设备人员安全的安全职能和管理职能。②管理教育有其独特必要性。技术、安全等方面的教育不能代替管理教育。③管理要坚持 14 个原则。它们是分工，可以使劳动或活动更加有效；职责与职权相统一；纪律，可以对个人在组织内的行为进行控制，使组织能够顺利运转；统一指挥，是针对个人而言的，每个人必须服从一个上级；统一领导，是针对集团的，每个集团只能有一个领导；个人和小集体利益服从组织整体利益；报酬支付要公平；弹性化解决权力的集中和分散的关系；建立职权等级系列，特殊情况可以跨越等级；秩序，组织内成员各得其职位；公正导向忠诚；任期稳定；首创精神；集体精神。④管理五要素，即计划、组织、指挥、协调和控制。

马克斯·韦伯认为，存在三种权力：理性合法的权力；传统世袭的权力；神圣超凡的权力。理想的行政组织体系应建立在的第一种权力基础之上，这样的组织体系分工明确，具有自上而下的等级系统，成员必须经过教育考评，管理是职业性的，必须遵守规则纪律，组织成员之间是一种不受情感影响的理性的公正的关系。

厄威克提出了他认为适用于一切组织的十条原则：目标原则、专业化原则、协调原则、职权原则、职责原则、职权和职责明确性原则、职权和职责一致性原则、最多管理6人的管理宽度原则、各组织单位工作内容应互相平衡的平衡原则、改组连续性原则。

古利克把古典管理学派有关管理职能的理论加以系统化而提出了有名的管理"七职能"：计划、组织、人事、指挥、协调、报告和预算。

（四）新古典管理理论

新古典管理理论从20世纪30—60年代，主要指人际关系学说和行为科学理论的形成发展。其社会背景是工人的觉醒和对雇主剥削的反抗，工人对工厂劳动条件的改善、工资的提高、娱乐设施的配备以及医疗养老保障等并不买账，为了平息工人的怒气，资产阶级的代言人运用心理学、生理学等进行研究和拓展，逐步探索得出了这种理论。

1924—1932年，美国国家研究委员会和西方电气公司的霍桑工厂进行了霍桑试验，结论是：第一，职工不仅是经济人，还是社会人，生产效率还取决于职工的家庭、社会生活和企业中人与人的关系。第二，"非正式组织"通过不成文的讽刺、嘲笑、友谊、一起玩耍和互助等团体压力和动力左右成员的感情倾向和行为。第三，新型领导者要同时具有技术经济技能和人际关系技能。对工人在小团体中的社会心理需要采取认可和引导态度，使正式组织的经济需要与非正式组织的社会需要取得平衡。第四，新环境的好奇与兴趣是导致较佳成绩的重要原因，称为"霍桑效应"。

组织行为科学包括早期行为科学即人际关系学说在内，它研究的对象和所涉的范围分为个体行为、团体行为和组织行为三个层次。个体行为理论研究人的需要、动机、激励和人性问题，成果主要有需求层次理论、双因素理论、成就需要理论、期望理论、波特—劳勒模式、激励强化理论、X—Y 理论、不成熟—成熟理论以及人类特性的四种假设等。团体行为理论研究团体动力、信息、交流、团体及成员相互关系等。组织行为理论着重于领导理论、组织变革和发展。

（五）现代管理理论

现代管理理论是所有各种管理理论的综合。20 世纪 60 年代至今涌现出了多种管理流派，主要有以亨利·法约尔为创始者的管理过程学派；社会合作学派，认为管理的作用就是维护企业物质的、生物的和社会的因素组成的合作系统；经验或案例学派，主张通过分析经验，也就是一些案例来研究管理学问题；关注个人行为的人际关系行为学派；关注一定群体中的人的行为的群体行为学派；社会技术系统学派，集中于研究科学技术对个人、群体行为方式以及对组织方式和管理方法等的影响；集中研究决策问题的决策理论学派；沟通（信息）中心学派，强调管理人员的信息中心地位；数学（"管理科学"）学派，主张管理工作是一个合乎逻辑的过程，可以利用数学符号或关系式来描述；权变理论学派，认为在管理中要根据企业所处的内外环境条件随机应变，没有普遍适用的管理理论和方法。

上述管理理论共同特点是单向性，忽视人们之间的相互关系；管理目的和管理手段相分离，不得要领，没有对症下药；忽视信息要素等。这些特点造成了传统管理理论的局限性。下面对这些局限性进行详细分析，即分析其局限性如何不适合解决信息不对称问题，传统理论有其时代背景，针对的是解决当时的时代问题，还有价值观上的差异，古典管理理论把人视为"经济人"，认为金钱是刺激积极性的唯一动力，其实，人还受心理影响，看透这个问题，是新古典理论的进步之处，但忽视组织中的信息要素。

二　传统管理理论的局限性

（一）忽视组织中的信息要素

结合管理理论演化史看，管理理论及其实践虽然在不断进步，但到现代管理理论阶段仍然缺乏信息要素的论述，一个组织是由意识流控制信息流，由信息流控制资金流，再由资金流控制产品流，而理论和现实却更加重视资金流和产品流，忽视信息流和意识流，这种管理理论和实践是与客观事实不相符合的，必然会导致管理的低效无效。为什么上述管理理论和实践中会忽视客观存在的信息要素呢？说到底还是它们对组织成员的人性假设有关，管理中的人性假设是指人们根据一定社会时期管理活动赖以成立的特定经济、政治和文化等前提条件对管理活动中人的需要和人的本性所作出一种假设，是管理者对被管理者社会角色目的的基本估价，这种假设影响着管理理论及其指导下的管理行为。循着"机器人—经济人—社会人—价值人"的人性假设，他们的视线被挡在了人的"信息人"的属性之外。

工业化开始阶段，工人被当作机器的附属物，就像一个没有生命、没有自身利益和没有主观能动性的机器一样，不可能被关注到其内在的信息问题，这里的机器人又可以叫作"工具人"，工具人假设是在生产社会化程度较低、管理活动相对简单、管理者依靠个人能力和经验的背景下提出的，在这种背景下，管理者把被管理者看作一种工具，管理者完全主动而被管理者完全被动，当双方发生矛盾时，管理者可凭经济政治优势用威权或暴力来迫使被管理者放弃自己的目标，管理者的首要目标是维护他自身的权威与地位的稳定。随着工人和资本家财富的两极分化，工人生存处境由绝对悲惨到相对贫困，资本开始注重对工人的物质刺激，使他们的生活和劳动条件得到一些改善，这种"经济人"假设认为追求自身利益最大化是人们经济行为的根本动机、人总是天生以自我为中心、对组织目标漠不关心，这种人性假设下的管理主要以金钱报酬来收买员工的效力和服从，强调严密组织和工作制度规范的重要性。这种经济人的假设显然也是远离信息人的。当管理学家和管理实践者注意工人的社会属性时，他们强调的就是工人的人际关系需求，"社会人"假设是在 20 世纪 30 年代经济大萧条的背景下，人们产生了孤独感和对群体的向往时应运而生的，它认为人的行为更多是受欲望、情绪等非理性因素支配，人们更重要的行为动机是社会需要和团体归属感，非正式组织建立在非理性因素之上，它与正式组织相互作用，两者共同决定组织效率，但两者又不是等价的，其中的非正式组织对个人的社会影响远比正式组织的经济诱因对人的影响大，人们最期望的是组织的认同而不是单纯的物质利益，因此，领导者要善于与其员工进行沟通，倾听员工意见，注意培养形成员工归属感和组织整体感，主张以集体奖励制度代替个人奖励制度，并推出了一种新型参与管理形式，即让员工不同程度地参加企业决策的研究讨论，以满足员工社会性的需要。这种社会人当然也不是信息人。资本看到工人还有自身价值实现的需求，这种价值人又称"成就人"，马斯洛需求层次理论和阿基里斯从不成熟到成熟理论认为，人并非天性好逸恶劳，愿意充分发挥自己的潜在能力、培养专长和能力，使自己在生产中的地位得到提高，使作为人的尊严和价值得到维护，这样个人在自我提升的同时也使自己灵活适应了环境变化，真正变得成熟，完成了自我实现。这种人性假设使管理任务重点转化成为员工提供能实现自我价值和组织目标两者兼得的平台，管理权限要下放，员工的决策参与制度要建立起来。但这时信息人依然没有得到重视。"复杂人"假设看到了人性的复杂性，认为人的个性及其行为动机随年龄、时间、地点和环境的不同而变化，例如个人在组织中的适应和学习会获得新的需要，于是在组织中的动机模式会替代或弥补原有动机模式的不足，使原有动机模式与组织经验相互作用而融合成现有动机模式，复杂人会依据自己的工作动机、能力及工作性质对不同管理方式做出不同的灵活的回应，这种人性有点类似于机会主义人，都会随机应变，但两者也有区别，复杂人的随机应变不一定损害他人和社会利益，而机会主义人对他人和社会利益的损害则是他利用机会获取不当利益的前提。

20世纪80年代，西方企业文化运动蓬勃发展，"文化人"假设应运而生，认为企业中的人是有思想感情和价值观的人，人的心理和行为归根结底是由人的价值观决定的，主张用组织文化来对员工进行引导、约束、凝聚和塑造，管理任务在于营造具有浓烈文化韵味的企业氛围。① 可见，复杂人和文化人假设也没有注意到人内在的信息含量及其运用方式对企业管理的影响。信息是事物运动的状态和方式，是物质的一种属性，它是客观的，这里的"事物"泛指一切可能的研究对象，既包括外部世界的物质客体，也包括主观世界的精神现象，"运动"泛指一切意义上的变化，包括机械运动、化学运动、思维运动和社会运动，"运动状态"是事物运动在空间上展示的形状与态势，"运动方式"是指事物运动在时间上所呈现的过程和规律。我国信息论专家钟义信还指出，信息不同于消息，消息只是信息的外壳，信息则是消息的内核，信息不同于信号，信号是信息的载体，信息则是信号所载荷的内容，信息不同于数据，数据是记录信息的一种形式，同样地，信息也可以用文字或图像来表述，信息还不同于情报和知识，总之，"信息即事物运动的状态与方式"这个定义具有哲学的普遍性。这个定义不仅能涵盖其他的信息定义，还可以通过引入约束条件转换为所有其他的信息定义，例如，引入认识主体这一约束条件，可以转化为认识论意义上的信息定义，即信息是认识主体所感知或所表述的事物运动的状态与方式，如果以主体的认识能力和观察过程为依据，则可将认识论意义上的信息进一步分为先验信息即认识主体具有的记忆能力、实得信息即认识主体具有的学习能力和实在信息即在理想观察条件下认识主体所获得的关于事物的全部信息，这样层层引入的约束条件越多，信息的内涵就越丰富，适用范围也越小，由此构成相互间有一定联系的信息概念体系。② 信息是关于事物属性的综合，我们采用认识论意义上的信息定义，信息人即可界定为拥有这些事物的综合性属性的主体，他能够感知或表述的事物运动的状态与方式。

管理历史上对人性假设的更迭启示人们，人性假设不是单一的，也不是一成不变的，是特定时代背景的产物，服务于特定的时代性管理目标，时代环境变了，人性假设也必然要跟着发生变化，这样的管理才能有的放矢、事半功倍，今天为什么又这样重视信息管理呢？其

---

① 王菲：《管理中的人性假设》，《经营管理者》2010 年第 16 期。
② 钟义信：《信息科学原理》，福建人民出版社 1988 年版，第 40 页。

中的原因主要在于：第一，知识性劳动比例增加。知识劳动者只可激励、不可压榨。第二，网络时代的匿名交往增多，掩盖了面对面的丰富信息展示，信息隐瞒和欺诈增加，这就更加需要进行真实的信息分析。第三，市场经济的高效要求遮蔽了对人心的关注，市场经济注重的是技术工艺等这些技能性的东西，而缺乏对人的内在诉求的耐心，可恰恰是人的内在诉求决定着管理的效率，所以应该引起足够的重视。第四，信息运用的目标是组织或者个人利益，本书要强调的高校组织目标是教学质量，事关高校组织的前途命运，高校教学信息管理的目标就是要把教师目标和组织目标尽可能高程度地统一起来，而这必然要求加强信息管理。又该如何进行信息分析呢？信息是行为的基础，如果行为发生偏差则说明信息的掌握、理解和使用上存在问题，我们重视的是交易关系及其行为关系的错位，所以，信息的调整就是信息分析总的取向，具体的是信息平衡的制度设计取向。

（二）激励的单向性

激励的单向性是指激励往往针对各种特定的对象，如一线的作业工人、中层管理者或总经理等，而淡化了他们之间的同时激励效果，尤其是他们之间的信息关系。这里与上面说的有区别，上面说的是对信息要素的忽视，这里是说员工之间的信息关系。

针对这一情况，本书对教师之间的信息关系给予高度重视。本书设计的事前、事中和事后的立体性化解方案正是体现了对信息关系的充分考量，对教师与学生之间的信息关系的信息优势与劣势的界定也是着眼于信息关系的分析，师生之间的信息关系是全书分析的基点。信息关系的重要性体现在：第一，信息关系是利益关系的载体。信息关系与利益关系协调互补、辩证统一，教学管理是对教师之间利益关系的一种调整，所以教师之间，乃至教师和教研室之间等信息关系的设定就是其利益关系的格局，通过教学管理体制的改变，如教研室连带责任的实施，可以改变教师之间及其与教研室之间的利害关系，也就自然带动了其间私有信息的化解。第二，通过信息的公开与保密达到化解教师教学私有优势信息与学生私有劣势信息之间的不对称信息关系。信息公开和信息保密互为关联、相互依存、相互贯通，是一个不可分割的整体，信息公开如明示高校的教学目标是保证教学质量、为社会提供高素质人才，其目的是促进教学进步和学校发展，而信息保密如试卷内容等是为了维护教学公平。

（三）管理目标和管理手段相分离

在由信息问题如信息不对称引起的产品质量问题上给出的对策却是物质刺激和精神激励，存在管理目标和管理手段相分离的无效管理现象，即失去了原因针对性，变成无的放矢，管理目标、管理起因和管理手段之间应该是一脉相承的。

教育学中的教学目标理论也体现了这种一脉相承的思想。1956 年美国著名教育学家布卢姆继承和发展了著名的教育评价专家泰勒的理论，提出了认知领域的教育目标分类理论，他的理论既便于课程设计，又便于教育教学评价，对教育评价的开展和教育科学的发展产生了深远的影响，被大量运用于教学课程设计等方面。教育目标分类是为了便于教育教学评价，评价后又可溯因设法，最终使得教学目标得以真正落实，这几个因素彼此之间互相支持，教育目标的分类适应教育评价的需要，把各教学活动的目标分为认知、情感和动作技能三个主要方面，评价方法有测验、问卷、面谈和观察等，在大规模教育评价中测验和问卷是最常用的，要对评价结果做出正确分析，还要借助于测量工具和统计资料，运用多元分析方法确定这些因素对于学生学习水平的影响，作为管理手段的测量与作为管理目标的评价不同，它们的根本区别在于测量是评价的手段，测量注重的是局部，评价注重的是全局，教育测量主要从战术上考虑问题，而教育评价则是从战略上考虑问题，要取得理想的管理目标，就要深挖找准问题的根源，采用适合的管理手段。

随着教育教学形势的发展变化，在研究上人们已经把注意的重点从局部转向全局，并且在很多方面已经打破了学科间的界限，开始研究一些若干学科所能够共同解决的问题，因此现代的教育评价把教育目标、教学方法和学生的学习结果看作一个整体来加以研究，同时把与影响学生学习成绩有关的社会的、经济的和学校管理的等许多不同学科的问题，综合到一个系统里进行整体研究，教育评价把各种因素都考虑进去，同时为了对评价对象做出正确判断，又必须通过目标检测手段依靠教育测量。[1] 鉴于此，本书也采用了多学科交叉的研究方法。

第三节 教学信息管理对化解
私有信息的必要性

一 教学信息管理原理

（一）教学信息概念及其特征

广义教学信息可以理解为与教学活动有关的所有信息，是对教学运行及其属性的一种客观描述，是教学活动中各种状态、发展变化和特征的真实反映。包括学校内部的教学时间地点的安排、现代化设施构建等，也涵盖学校与校外的各种交流活动，如教学会议、学术交流，等等，甚至还包括那些科学技术、社会和自然情况等与教学有关的信息。可见范围非常宽广，不适宜这里的分析。还有的学者[2]从宏观角度论述了高等教育质量政策作为提高高等教育质量的政策性手段，对提高高等教育质量的重要影响，认为加强高等教育质量政策的制度伦理建设，完善和健全高等教育质量管理的信息公开制度，树立高等教育质量政策的权威，切实推行以提高高等教育质量为核心的公共治理，重塑并弘扬大学精神有助于提高我国现阶段高等教育质量政策有效性；这样的见解具有宏观指导意义。

本书从微观务实的角度切入，并对信息进行狭义的理解，特指课堂教学。课堂教学信息一是指对课堂活动及其属性的一种客观真实描述，课堂教学的表现形态丰富多彩，表现出各种不同的属性，人们通过对教学属性如教学观念、手段、内容和效果等的描述来认识每一种

---

① 宋伏秋：《教学目标体系的理论与实施》，河北教育出版社1992年版，第8页。
② 龙春阳等：《提高我国现阶段高等教育质量政策有效性的若干策略》，《高等农业教育》2015年第1期。

课堂教学形态。二是指对课堂教学运行各种发展变化特征的即时性反映，课堂教学活动的各个方面随着社会科技的进步在不停顿地演化，不同的时段呈现出不同的特征，这种演化必须体现在教学信息中。

课堂教学信息特征有：第一，教学信息的真实性。即对教学活动描述的客观性和准确性，没有主观想象的成分。第二，教学信息的时效性。即信息处理及其利用的效率，从信源接收后经过加工，再由信道传递到信宿，其间的时间越短，时效性越强；对信息的利用越及时，利用程度越高，时效性也越强。另外，信息在特定的范围内才是有效的，超过特定范围则是无效的。第三，教学信息的同质性。即在一定时间和空间范围内具有共同属性的教学信息，能够反映教学活动本质特征。第四，教学信息的系统性。即各种教学信息不是互不联系的、紊乱的，而是本身有着内在的联系，并且组成一个信息有机整体，连续不断地反映教学活动的变化并及时反馈。第五，教学信息的可处理性，包括以感官和其他测试手段进行识别的可识别性、通过各种方法进行存储的可存储性、随时间和调查的深入而增加的可扩充性、人们对信息进行分析整理使之凝练的可压缩性和借助一定的媒介进行交流的可传递性。

另外，理解信息概念还要注意将之区别于信息化、私有信息化解等概念。信息是对主客观事物的真实性和即时性描述；信息化是指信息的扩散技术、过程和结果、影响，"信息化是以国家整体信息资源开发利用为核心，以系统性信息技术（计算机、网络、通信、信息处理）等高科技技术体系为依托的一种新技术扩散过程，在高科技体系扩散过程中产生强大的扩散效应。信息化过程中社会经济结构调整的基础从以物质与能量为重心向以信息与知识为重心转变，重心转变过程同时引起整个社会结构、产业结构与企业结构发生重大变化，极大地提高了社会生产力、生活质量与环境质量，同时节约了能源与劳动力"。① 私有信息化解是本书的重点概念，是指克服利益相关者之间的

---

① 周达：《信息化——提高国家竞争力的动力》，《城市管理与科技》2005 年第 7 卷第 3 期。

信息失衡状态及其引起的不良后果，信息失衡主要为信息的数量质量不同，它会引起当事人成本和收益的差异。

（二）教学信息分类

任何事物分类都有许许多多的角度，到底选择哪些角度，就看研究的需要了。下面根据研究的需要从五个角度对教学信息进行分类。

1. 按教学信息涉及的主体分类

按照教学信息涉及的主体分类，可以分为以下几类：①学生需求性信息，如学生发言的频度、发言学生的结构、所回答问题的性质等，即谁在发言，对什么问题更感兴趣，发言的积极性如何。②教师生产性信息，如备课充分与否、教学信息量的多少、信息精练程度等。③教师授课性信息如教师上课的热情、教学方式上是否注意与学生互动等。

2. 按教学信息稳定性分类

按教学信息的稳定性分类，可以分为固定信息和流动信息。固定信息具有相对稳定性，在一定时间内不发生变化，包括上课时间地点、应授课内容、教学进度、教学手段和学生人数等，这些都是事先计划好的，属于计划指标和定额标准。流动信息是指某个时间里教学活动的实际进程、计划完成情况和产生的问题等，这个意义上的信息一般只具有一次性使用价值，需要及时收集，并与固定信息进行对比分析，是协调和控制教学活动的重要手段；流动信息也指随着社会、科技的发展而需要随时增减和调整的信息。

3. 按教学信息来源和用途分类

按教学信息来源和用途划分类，可以分为课堂经营决策信息、课堂管理控制信息和课堂作业信息。课堂经营决策信息主要来自学校外部，范围广泛，不需要很高精确度，利用起来需要灵活性和艺术性，如国家政策、就业变化乃至国际形势等，是学校最高管理层根据学校发展的战略目标及要采取的重大措施进行决策时所需要的信息，就它与课堂教学的关系看，利用这类信息可以确定课程门类、课时多少等。课堂管理控制信息主要来自学校内部的交流，是学校内部具体管理部门用以协调控制教学活动依据，职能部门需要掌握资源的利用情况，与计划进行比较，使资源得到更有效的利用，此类信息有如教室分配、现代化信息系统的运行、教师的评价和学生选课情况等。课堂作业信息主要来自学校内部，明确具体，包括上课的时间地点、授课对象、内容和手段等，是在给定资源前提下教师最终完成教学任务所必需的，是课堂经营决策信息和课堂管理控制信息的归宿和意义之所在。

4. 按教学信息的共享度分类

按教学信息的共享度分类，可以分为公共信息和私有信息。公共教学信息为当事人共知，在教学中即师生都享有的信息。私有信息是只为一方所掌握，他人未知的信息，在教学中即只有学生或教师所知信息，在本书中主要指教师的私有信息。

5. 按教学信息的均衡度分类

按教学信息的均衡度分类，可以分为均衡性信息和倾斜性信息。均衡信息即当事人所掌握的信息在数量上和质量上都是一样的；倾斜性信息则相反，一方知道的信息不为他方所知晓。

（三）教学信息的处理

信息处理内涵宽泛，下面着重教学信息的收集、加工和传递。

1. 教学信息的收集

教学信息的收集可以从以下几个方面来认识：

第一，信息收集性质。信息收集是后面各项信息处理的基础，主要在信息处理的第一阶段完成，也可少量穿插于加工和传递过程中。

第二，信息收集原则。要收集的信息必须具有问题相关性、真实性、全面性、信息含量高的特性。

第三，信息收集计划。包括数据结构的设计、信息收集的目的、收集哪些信息、到哪里去收集、信息收集的方法、对所收集信息的初步分析和以何种形式提供信息资料等。

2. 教学信息的加工

信息的加工形成二次性资料，目的是传递和使用，包括一系列活动如分类，即对原始资料按照一定的标准进行梳理；判断，即进一步考察原始资料，去伪存真、去粗取精；比较，通过比较分析教学活动的特征及其变化趋势；计算研究，即进行一定的定量定性研究，形成新的概念和结论；编写和鉴别，即将加工过的信息资料编写成新资料，并分析考证前面原始资料的真实性、加工方法的正确性，以确保整个加工结果的真实性，必要时还要借助多方面的知识进行佐证或存疑。

信息加工或分析的抽象工作目标是：从混沌模糊的原始信息中萃取出有用信息；从表层肤浅的信息中发现相关的隐蔽信息；从过去和现在的信息中推演出展现未来的信息；从部分割裂的信息中推知总体的信息；揭示初始相关信息的结构和变化规律。

3. 教学信息的传递

信息传递即信息从信息的源头，用尽可能少的时间和成本，无噪声高保真地尽可能多地经过信道到达信宿。信息传递方式多种多样，可以是单向的，即信息由信源流向信宿，不存在传递者和接收者的直接交流，也可以是双向的，即信息由信源流向信宿，又从信宿流向信源，双方互为传递者和接收者；传递方式可以是一次大容量集中型的，也可以是少量多次连续型的；可以是主动的，即传递者按照自己意图把信息发送给接收者，也可以是被动的，即信息发送者按照接收者的要求传递信息；可以是组织正式的，也可以是个人非正式的。

二 教学信息管理的必要性

"用人不疑，疑人不用"体现着大度豪气，但"用人要疑，疑人要用"是现实中更有意义的务实精神，其依据就是人具有私有信息及不同用途，据此进一步加强信息管理必不可少。

（一）教学正常运行的需要

信息即消息中有意义的内容，教学具有比较复杂的信息结构，即信息要素多、彼此相关度高、相关关系多样化；这种复杂的信息结构可以从信息主体区分为教师信息、学生信息、管理者信息、教学督导组信息和社会信息等，也可以从信息内容划分为管理性信息、专业性信息、评价性信息等，还可以从信息的流向分为学校内部的教学信息和社会向学校的反馈信息等，还可以从其他许多角度进行划分。信息具有指导意义，适宜的教学信息结构可以指导教学正常运行，教学活动可以根据相关信息进行调整和控制。同时信息是确定性的增加，1948 年，美国数学家、信息论的创始人仙农在题为《通讯的数学理论》一文中指出："信息是用来消除随机不定性的东西"，因此利用信息可以消除或减少干扰教学活动的不确定因素，如从上到下的教学管理制度信息可以减少教学活动的随意性，来自教学实践的各种信息也可以校正一些僵化的管理。

（二）教学质量得以保证的前提

信息具有普遍性，它无处不在，但要被人们利用就必须经过处理，这里的关键就是利用信息的可处理性和反馈机制使教学质量得到保证。信息是意义的载体，人们对信息的采集、筛选、加工和整理等处理无不重视其中蕴含的相对意义，信息反馈也是一样，最重要的是所反馈信息的含义，教学要获得真正的效果而不是流于形式，就必须利用各环节信息的意义对教学进行鉴定、奖惩和指导。我们的高等教育之所以在专业设置、知识传授、科学研究和服务社会等方面获得如此丰硕的成果，都是因为信息和教学质量一直持续进步的结果。

（三）教学评价依据

首先，信息是一个系统，各个组成信息可以比较，比较本身就是一种评价。

其次，说信息是教学评价的依据也是利用了信息的真实性、时效性、同质性等特征，这些特征是有效教学评价的基础。信息的真实性即客观性，编造的信息不能作为教学评价的依据。信息的时效性是指信息具有时间价值，在管理活动中，信息的收集、加工、检索和传递一定要快速及时。只有这样，才能使管理者不失时机地对教学活动做出反应和决策，如果信息不能及时提供给各级管理人员，就会失去信息认证鉴定和支持决策的作用，甚至有可能给教学带来损失。同质性即事物的一致性、在维度上的近似，与异质性相对应，信息的同质性是指信息在功能、作用等方面的一致性或近似性，教学评价可以利用信息的这个特性进行教师之间的对比。

再次，还利用了教学信息的分类知识，不同教学主体的信息、具有不同稳定性的信息、不同来源用途的信息和对称性程度不同的信息都是教学评价的依赖因素。

最后，教学评价还仰仗于教学信息的处理，教学信息的收集、加工和处理同样是教学评价的依据，没有这些信息活动，教学评价将是无的放矢、空口无凭。

（四）教学信息管理的归宿

教学信息管理的必要性最终落脚于私有信息的化解，本书无论是教学正常运行，还是教学质量的保证和教学评价，都是为了化解影响教学质量的私有信息。这些也恰恰为私有信息的化解提供了途径：教学正常运行是教学私有信息得到正确规制的一个客观表现，教学能否正常运行是不良私有信息是否被抑制的反映；教学质量、教学评价和教学私有信息之间有着同样的关系。信息管理服从质量管理，质量管理又服从声誉管理，由此也就形成了信息管理—质量管理—声誉管理—学校发展—高等教育发展—国家竞争力提高的链条。

三　课堂教学管理信息系统的建立

信息系统的建立应从以下方面着手。

（一）明确教学信息系统建立的意义

教学信息管理系统就是为教学管理活动提供所需要的教学信息的信息处理系统。教学信息管理既是对教学信息本身的管理，也是通过信息对教学进行管理，两者并不矛盾，在含义上是一致的，前者是后者的基础和条件，后者是前者的实现。一个教学管理信息系统的建立是化解教学私有信息、提高教学质量的需要，这是它的根本意义。

（二）信息系统切入点及其组成

任何一个组织都有物流和信息流两种流动，学校也不例外，物流是学校运作的实物形态和物质基础，信息流是物流状态和特征的客观描述，产生于物流并为物流服务，学校可以把生源信息看作各种信息的一个综合反映，由此切入，建立教学的排课信息系统、人事信息系统、培训信息系统和技术信息系统等。本书集中研究排课信息系统，具体的是主张轮流挂牌上课系统，其中要收集的信息很多如其历史、做法、有效性机理、问题、对策、有效性指标体系的设计等，这种制度在化解私有信息方面最具优势，后面专辟章节详细论述，所以这里从略。

（三）信息系统运行模式和信息传递渠道

信息系统的运行和信息传递渠道，包括分系统之间的联系依托学校已有管理组织。信息传输渠道坚持主动被动相结合，以主动传达为主；单向双向传达相结合，以管理部门的单向传递为主；信息加工的主体也由已有行政管理组织充当。

（四）管理信息系统模型

首先对几种主要结构进行述评，然后做出自己的选择。

集中式结构设有一个信息中心，信息处理统一进行，不同层次管理机构所需信息统一发布（见图 3 - 1）。它向学院和课堂发出信息如要求、学校政策等，学院收集到信息后进行初步加工，反馈给信息中心，课堂也通过学生信息员、教师评价等方式发回信息，信息中心集中处理这些信息，即收集、储存、加工和传递等，彼此的联系是双向性质的。它的优势是有一个总指挥和明确的督导者，信息能够连续不断地进行校正，使系统运行经常地得到改善，效率较高。问题是信息中心工作量较大。

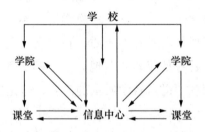

图 3 - 1　集中式结构

美国科学技术情报委员会关于信息分析中心的定义是信息中心是为了获取、选择、存储、检索、评估分析和综合一个明确规定的专业领域内的大量信息，或者为了某种特定任务旨在以最权威、最及时、最有效的方式为同行协会和管理部门收集、消化、重组，亦即整理和提供相关信息而专门（但不排除例外）建立起来的一个正式组织机构。这个定义也适宜于本节的分析。

第二种分布式。这种方式不设信息中心，信息处理由各单位分别进行，但需要统一的制度使各部门信息相互衔接。优点是可以各取所需，缺点是各自为政，不利于集中解决一个重要问题，而我们恰恰是要集中解决信息不对称的问题，所以这种方式不合适。

第三种混合式。这种模式把集中式和分布式相结合，对具体部门的特殊信息需求采取分布式，对各部门的相同信息需求采取集中式。它兼具集中式和分布式的双重优点，能够具体情况具体对待，信息区分比较细致，但工作量大，实施起来复杂困难。

鉴于以上分析，本书主张建立以教务处为信息核心，由它主导信息的收集、加工、传递和反馈，集中式的信息系统结构，这种管理信息系统的模型或信息处理结构在本书中自然是围绕"轮流挂牌上课"的信息系统来展开的，目的是化解私有信息。

（五）协调和控制措施

在集中式结构里，信息中心就要建立有效反馈机制，采取一系列的措施，如及时传达相关信息，限期解决问题，给予各部门资金物质行政支持，设计系统模型有效性指标体系等。

第四章　高校教学私有信息不同化解机制比较

本章将以信息为标尺比较分析各种化解机制。

已有机制在发挥着一定作用的同时，也暴露出一些合乎理性分析的局限性。目前我国高校教学管理中普遍存在的问题是"有法不依"，即决策或制度执行不力，说明监控是我国高校教学管理的薄弱环节，对此，仅仅建立和健全现有各种教学质量保证制度，也就是建立相应机构、配备合适人员、明确相关职责、制定有关规章制度是不够的。下面对每种主要机制都从做法和机理两个方面给以透视，我们主要谈问题。

第一节　教学督导制度

一　督导制度含义和产生

督导是一系列监督和指导性的控制活动，是主管教学校长领导下的、同教务处密切配合的独立的机构，它贯穿于学校活动尤其是教学活动的各个环节，检查、评比和考试巡视等各个方面，督导制度即为了完成督导任务而制定的各种政策、方针、规定和法律的总和。

1991 年国家教委颁布的《教育督导暂行规定》明确指出建立教育督导制度，1995 年颁布的《教育法》规定，"国家实行教育督导制度和学校及其他教育机构教育评估制度"，这标志着教育督导制度是我国教育基本制度之一。督导制度活跃于高校扩招和竞争背景，扩招引起高校教学资源和生源的紧张，竞争就在这些方面展开，而教学质量是竞争的重要砝码，这也为它的职能和作用奠定了基础。国际上呢？历史上呢？

二　督导制度职能和作用

督导制度是教学质量监控体系中的重要组成部分，它按照国家有关教育的方针、政策和法规，对教学活动全过程及公共管理进行检查、监督、评价与指导，为学校决策部门提供改进教学管理的依据和参考意见。

教学督导基本作用是教学质量控制，其作用机理是在一定程度上能够化解信息不对称。

三　督导制度弊端

教学督导在促进教学质量控制的同时也暴露了一些弊端，在于：①督导人员的利益相关度低。督导人员是学生和学校的代理人，是在为别人办事，效率自然较低，如果是花自己的钱办自己的事，或许会使经济学的成本收益原则得到最彻底的贯彻。②权威性问题。教学督导成员一般由退休的资深教授、专家学者和学科带头人组成，涵盖全校所有学科和专业，他们在校内享有高的声誉和威望，但实际运行起来人员少、职能多、任务重，难免跨专业作业，而专业跨度大，督导者不懂督导内容，就只能看一些形式的东西，即使督导懂专业工作，也需要转换身份，从某一个学术专家角度转到引领教育发展方面专家角度，但督导成员往往缺乏现代教育理论知识，这就弱化了督导工作的准确性、权威性。③情面障碍。督导员与督导对象教师有着千丝万缕的私人关系，难免评价失于主观，教学督导工作所必需的客观性和公正性不能保证。④非相互性。督导的对象是学生、管理和教师，其中学生权力随着学分制的实施和生源的紧张等越来越受到重视，学生可以网上评教，网评构成了教学质量监控体系的重要组成部分；管理是一种行政权力，与督导组织相对分离又相互沟通；教师有接受督导反馈的义务，却没有反向督察权力，难免多多少少有一点被动压抑感，反倒影响教学质量。

第二节 同行评价制度

同行评价，即同事评价，同事之间彼此了解、业务熟悉，评价起来有针对性，效果会比较好，符合"利益相关者行使相应民主权利"的民主管理应当遵循的原则，但在实践中却不容易得到真实信息，使教师同行评价不能发挥对教学行为、教学业绩进行评价以促进教学的作用，利益相关关系从目标中的正相关异化为负相关。

一 同行评价制度问题

同行评价制度的问题是：①容易产生利益机制悖论，若利益不相关，即同行给同行打分高低不影响彼此利益，则采取漠然态度，若利益紧密相关，则抑人抬己，丧失公心；②情感阻碍真实表达，教师同行之间可能是朋友，怎能忍心负面评价。组织中存在正式关系与非正式关系，正式关系指工作关系，它起到规范作用；非正式关系指工作关系以外的同学关系、地缘关系和血缘关系等，有时辅助促进正式关系，有时又在组织利益和要求面前超越和战胜正式关系，不惜组织利益蒙受损失。日本人也很讲关系，总是保持与归属对象的关系，并注重自身作用，可以说日本是一个关系主义社会，但人家首先忠诚的是整体利益。

二 同行评价分类

有的学者把教师同行评价分为三种类型，并从文化角度进行分析[①]，很有启发意义，下面给以评论。

（一）事不关己型，视评价为形式

这是一种个人主义文化底蕴，又与教师工作特点有关。教师工作独立性强，不实行坐班制，平时独来独往，彼此不依赖，是组织中的无组织或较少组织性。教师个人主义不利于教师自身的发展和学校整体人际关系的协调，彼此给出虚假的、一团和气的评价不能实现以评

---

① 杨清：《教师同行评价的文化分析》，《江西教育科研》2007 年第 4 期。

促教的目的。其实个人主义的敷衍和漠视再深究一层，是利益不相关或关联度很低，如果相反，个人主义就会被抛到一边，所以，经济思维更关键，它能够超越文化底蕴，这里涉及经济和文化的关系问题，两者相互制约促进，联系复杂，但从根本上讲，就教师同行评价具体事务看，适合经济强势的解释。当然经济并不是在所有的场合、所有的主体那里都高于文化。竞争与合作不一定非此即彼，它们有机共存，没有利益的竞争，也就没有合作的必要和习惯，职业共同体和集体主义的活力牺牲了，看来看似矛盾的东西若结合在一起可能带来完美。

（二）人际关系型，利用评价作争夺利益的工具

反映了派别主义文化，对内高评，对外低估，没有公心和道义，是评价中利益设置的结果，如果解决物质报酬、声望地位的诱惑，派别主义就失去了现实意义。这与上面形成了悖论：不设置评价的利益机制会导致漠不关心，设置利益机制又泛滥了派别主义！都会使同行评价形同虚设甚至扭曲变形颠倒是非，结论只有一个——同行评价难以实施。

（三）真实型，把评价看作促进教师专业发展的重要途径

体现了合作性文化，它为同行评价展现了一线希望，但为了完善教学质量管理，我们要更侧重问题分析及其解决。

第三节　学生打分制度

课程结束后，学生根据对教师的印象进行百分制打分，管理部门经过去掉最高分和最低分、平均化等处理后就得到教师的分数。其中隐藏很多问题：

一　不相关利益者对利益相关者命运的决定

很多学生态度不认真，认为课已上完，与他无关，因此不会按照指标去评价，有的甚至不知教师的姓名，把教师混淆了。"利益不相关"本应是公正的前提，行使权利的人不分享权利，才能超越自身利益，对权利对象一视同仁，但这是以其已经进入权利行使为基础的，

如果根本就没有行使权利的欲望，就谈不上公正不公正。一个自认为不相关利益者，冷眼旁观而已，强令为之，也做不到公平正义甚至混淆视听，让多数不相关的人决定少数利益相关者的命运不是真正的民主。

二 "马太效应"式评价

美国科学史研究者罗伯特·莫顿归纳"马太效应"为：任何个体、群体或地区，一旦在某一个方面（如金钱、名誉、地位等）获得成功和进步，就会产生一种积累优势，有更多机会取得更大的成功和进步。1973年，莫顿引用《圣经·新约》的"马太福音"第二十五章中的一句话："凡有的，还要加给他叫他多余；没有的，连他所有的也要夺过来"，他用此概括一种社会心理现象："对已有相当声誉的科学家做出的科学贡献给予的荣誉越来越多，而对那些未出名的科学家则不承认他们的成绩"，并将这种社会心理现象命名为"马太效应"。

"马太效应"使好的越好，坏的越坏；多的越多，少的越少。这种现象反映在各种领域，如经济中贫者越贫、富者越富，消费者买涨卖跌，使高价更高、低价更低；学术界谁的名声越大，聘请的越多；教育领域里，教师偏爱学习优秀者，学生对教师的评价人云亦云。

"马太效应"可以与一系列消极词汇和事物挂起钩来：打击积极性、资源浪费、抹杀成绩、不公平、不客观、锦上添花、落井下石、从众心理、没有主见和创新、嫉妒非难、社会达尔文主义，等等，因此学生评价意义打了折扣。

三 学生的功利行为

有的教师违背纪律，擅自向学生透露试题，学生给以高分回报，所以这里对试题管理制度的执行提出了更严格的要求。功利行为是指把目前的行为作为实现其他目标的手段途径，而不是看重这种行为本身，学生评价需要的是恰恰相反的价值取向，是客观公正的价值观，与自己眼前利益无关，但是，要求和现实相背离，效果可想而知。

四 对教师约束作用的缺乏

分数高低对教师报酬不产生任何影响，除非低于70分，而这是极其少见的，对大多数人不起作用。所以，如果说学生打分这种用手投票制度有什么优势，那充其量就是筛选出最差者供决策者参考。学生打分拉不开差距与其对教学评价认知不清、标准把握不准、偏离标准等因素都有一定关系，在这个问题上对教师的约束首先是个对学生的约束问题，如果对他们的打分行为进行具体的组织和指导，又将加大其中的约束性成本，实是看似简单却复杂。

第四节 教师资格认定制度

1986 年我国开始确认了教师工作的专业性，1995 年颁布的《中华人民共和国教育法》确定："国家实行教师资格、职务、聘任制度，通过考核、奖励、培养和培训，提高教师素质，加强教师队伍建设。"首次以国家法律形式确定了国家实行教师资格制度，从 2001 年 4 月 1 日起，国家首次开始全面实施教师资格认定工作。

一 教师资格认定制度的作用

第一，使教师职业专业化。这一制度对教师的道德、学历、普通话水平、身体条件做出了具体规定，教师资格认定过程中要实行书面考试和面试，师范毕业生可以直接认定。

第二，使教师职业管理规范化。实施教师资格制度，是国家依法治教的表现，也使职业管理纳入了规范化轨道。

第三，使教师来源多元化。凡是获得教师资格证书人员均具有了成为教师的必备条件，不同民族、专业和经济等背景增强了师生对多元文化的理解。

我国培养教师的这种方式属于选择性教师资格制度与传统教师资格制度并存的方式，后者是指专门的师范院校培养模式，前者相对而言是指为那些非教育专业毕业、拥有学士学位的教师职业申请者所设立的教师资格制度。这种并存模式引进竞争机制，为高素质的人才成为教师减少了障碍，有助于全面提高教育的质量。

二 教师资格认定制度的局限性

目前，此项制度还存在有待完善的地方，如忽视对教育教学能力的考察，尚无能力标准和具体测试办法的规定，实际上很多教师缺乏教育理论知识和教育技能、品德；没有全国统一的考试标准，各地自己考试自己招聘，把这标准强加给公众，会损害公众利益，是对教师专业化建设的破坏；职业资格一劳永逸，不能随着时代的发展考核教师的发展情况，使落伍的人得以继续留在教师队伍中，降低了教师素质。

教师资格认定制度本身局限性首先在于容易产生道德风险。虽然资格审定通过提高教师素质会减弱信息不对称问题，但其本身缺乏过程性监督和预测性，容易产生道德风险，即入职前后有不同的表现。其次在于不能显示教师的教学实践能力。教育教学工作是做人的工作，艰巨复杂，书面考试可能掩盖真实性，不能有效地甄选出高素质的教师，保证获得证书者在实际工作中出色的表现，即缺乏与这种传统标准化测验相对立的表现性评价，表现性评价假设某种特定的真实情境，要求被评价者运用知识完成某项任务或解决某个问题，于是被评价者知识与技能的掌握程度、应用理论知识的能力和沟通合作等多种能力状况就能表现出来，并且表现性评价设有课堂观察、结构性访谈或教师自己创建档案袋等具体有效手段。

第五节　制度失灵

一　制度效能

制度效能，即制度的功能、作用和效率、效益。制度效能可以概括为以下几个方面。

（一）建立社会秩序

"想象一下，如果这个世界没有任何的冲突和矛盾，没有任何的坑、蒙、拐、骗，没有任何的假、冒、伪劣商品，我们还有必要指定那么多的制度和规则吗？"[①] 其实，即使没有机会主义行为动机，一

---

① 张雪艳：《新制度经济学研究》，沈阳白山出版社 2006 年版，第 126 页。

群利他的人相互作用也需要秩序，秩序中的运行摩擦少、效率高。

（二）降低交易成本

交易成本即交易、合作过程中因信息搜寻、谈判、签约和监督执行契约等产生的各项费用之和，高的交易成本是交易无效率的表现，利用制度则可以降低交易成本或费用。制度降低交易成本要经过几个环节，那就是抑制机会主义行为，提供有效信息，降低不确定性。机会主义行为是一种不顾原则的谋取私利的行为，以自利人格假设为基础，制度作为行为规范抑制机会主义行为是其本身应有之义。机会主义行为得到抑制之后，取而代之的是合作诚信，资源就从防止机会主义流转到正常交易上，费用得以节约，当然，创建制度也需要资源，但一次性整体性的资源占用总比每一次分散交易都要占用节省得多。制度可以提供有效信息，如市场制度集中了价格、供求、竞争、政策、质量、流通、生产、消费等各种信息，企业制度融会了产量、技术、管理、成本等多种信息，法律制度包含合法与非法、处罚的轻与重等信息。有效的信息帮助人们高效率地决策。制度具有降低不确定性的功能是因为制度是公共物品，是明确的、直接告知的，在一定的制度指导下，人们清楚知道什么可以做，什么不可以做，如何做，后果怎样等。不确定性的反面是环境的稳定和易于把握，在一定程度克服了问题的复杂性与个人解决问题的有限能力之间的矛盾，因而使交易费用降低。

（三）使外部性内部化

外部性包括正外部性和负外部性，正外部性是指一个主体的行为给他人和社会带来积极影响，使他人和社会不付代价就能够获得好处，如养花的人使他人无偿观赏、对子女良好的教育使邻居和社会受益等，其收益小于总体效益，即是一种效益外溢的情况；负外部性是指一个主体的行为给他人和社会带来的是消极的影响，使他人和社会分担了他的成本，如工厂噪声打扰居民、随意倾倒污水妨碍行人走路等，其成本小于总体成本，即是一种成本外泄的情况。

以上两种情况一种是效益外部化，它对他人和社会有益，但自己花费成本的果实被无偿享用，会引起心理不平衡，若长期得不到补偿会挫伤他作为经济人的积极性，正外部性因而也不会持久；另一种情况是成本外部化，别人被迫替他承担成本，对他人和社会是有害的，甚至害了自己，但他自己直接所得好处大于害处，有时其行为的总成本甚至可能大于总收益，但他感觉不到，所以这种负外部性若无外力干扰，一般会长期存在。可见，无论正的外部性还是负的外部性都必须内部化。

外部性内部化的意思是谁引起的外部性最终要由谁承担，这种承担不可能通过市场自由自愿交易得到落实，因为果然如此的话，根本不会产生正负外部性，所以，必须依靠一个第三者，通常是政府。政府又怎样解决呢？征税、罚款、专利制度、税收减免、财政补贴、奖励等，造成负外部性者给以征税、罚款，正外部性者则享受后面的几种制度，这些制度范畴由此促成外部性内部化。外部性内部化以后，正外部性也就没有了，但它解决了之前正外部性不持久、负外部性长存的局面。正外部性得到鼓励、负外部性受到抑制，兴利除弊的效果还是好的。

科斯认为，外部性内部化依靠产权安排，产权安排就是一种制度安排。从这个意义上说，制度使外部性内部化。无论交易费用大小，外部性问题总要解决，只是解决方式不同，在交易费用大于零的场合，为了实现既定的资源最优化配置，就要安排一种交易成本小的产权制度，成本越低效率越高；反之，成本越高效率就越低。所以，在成本大于零时不同的产权安排意义重大。他认为，损害具有相互性，例如，一个诊所相邻一个高噪声工厂，传统上判断后者侵犯了前者的利益，应由工厂赔偿诊所，或工厂迁移、自担费用，或诊所拆迁、工厂付费，总之，不管采取什么办法解决问题，全都本着有利于诊所的原则。科斯打破传统认识，认为工厂停工、搬迁等利益也会受到损失，那么产权就不一定界定给诊所，即诊所不一定拥有不被噪声打扰的权利，工厂也不一定没有释放噪声的权利，到底产权界定给哪一方，要权衡成本收益。如果工厂因发出噪声而带来的收益大于诊所因噪声受到的损失，则产权给工厂，消除噪声的费用由诊所承担；反之，产权给诊所，消除噪声的费用由工厂承担。可见，产权安排的目的是获得社会总收益最大，这也是其资源最优配置的含义。

在交易费用为零的情况下，外部性内部化可以依托市场制度、由产权界定清晰的市场主体自愿解决：产权如何界定就无所谓了，即对资源配置没有关系，如工厂污染了河流，无论谁赔偿谁，工厂还是生产、河流还是要治理。资源最优配置的结果一定，产权不管怎样配置都不产生交易成本，所以产权怎样配置也就无所谓了。

其间有很多问题：

（1）有一个谁承担外部性解决费用的问题。实际上谁也不愿意承担这笔费用，怎么会有所谓的自愿解决呢？设想一座企业的大楼玻璃向旁边的居民楼反射强烈光线，居民提出解决这个问题，如果产权给居民，即居民有不受妨碍的权利，则企业就得承担解决费用，比如安装一种弱化光线的设施，如果产权界定给企业，则居民就得承担设施费用，这样不同的产权安排对双方利益的影响显而易见，这与有无谈判等费用无关，怎么会有所谓的自愿呢？所以，科斯上述说法忽略了分配问题。他自己知道这个问题的存在，科斯在《社会成本问题》中明确指出，不同的产权界定会影响当事人的收入和财富分配，他要强调的只是不同的产权界定不会影响资源配置。但是这会引起社会纠纷和混乱，使产权安排根本无法落实。

（2）当事人各方的成本收益难以计算。

（3）只强调眼前的、经济的成本和收益，有失狭隘，一些损益长期才能显示出来，如河流污染问题，即使眼前的经济收益再多，河流也是不能够污染的，污染后可能再也无法治理。

但不管如何，制度能够使外部性内部化这一点还是成立的。

二 制度失灵

制度失灵即失去了制度效能，成为无效、低效制度，或者一开始就是无效制度甚至是有害制度。

对制度效率从成本和收益角度进行界定，成本一定时收益大则效率高，收益小则效率低；反之，收益一定时成本大则效率低，成本小则效率高。成本收益是一种经济学思维方式，而制度属于公共物品，涉及社会政治、经济、文化、军事、教育和宗教等多个方面，为什么单用经济原则呢？是否会犯以偏概全、经济学帝国主义错误？宏观地看，任何事情都有一个少花钱多办事的问题，不同社会领域的目标和价值观尽管不同，但在资源稀缺的前提下，都会追求资源节约，即为了实现既定的效用目标耗费尽可能少的资源，或者耗费一定的资源要获取尽可能多的效用，有时的不计成本实在是无奈之举，所以从成本收益角度界定制度效率是顺理成章的事，当然，这不等于主张用经济学的思维方式处理任何微观事物。

制度成本是指围绕制度制定形成的调查、会议、设计、组织、维持、实施和监督等各项费用总和。由于成本一般是各种客观的可计量的资源耗费，但当事人就时间等因素也难达成一致，所以在成本上不同的效率评价主体往往不会取得共同意见。制度收益指其激励约束度，具有不同价值取向的不同效率评价主体之间必然存在制度收益的不同感受，所以在收益问题上也将不能达成共识。所以制度效率本身就是一个难以把握和落实的概念，不容易进行评价，这是导致制度失灵的根本原因，但又不能没有任何标准，模糊的好像也比没有好，在运用中只能做到尽可能的准确，从哲学角度讲，没有任何绝对清晰的东西。

制度有没有功能作用、效率高还是低在认可制度效率概念前提下取决于以下制约因素：

第一，制度设计有没有问题针对性。问题导向的制度设计主要是针对存在的问题及如何解决这些问题而进行的，问题和矛盾表现最突出、最紧迫的地方，往往是制度创新的生长点，如以成本为导向、以行为为导向、以素质为导向、以市场为导向等，这种设计思路是由已经出现的问题牵引的，似乎是事后被动的，但确实具有很强的针对性、时效性。它与理想导向对应，理想导向根据从理论角度设计的理想制度进行制度创新，具有前瞻性，能够防患于未然，适宜解决重大问题，如世界金融危机是长期市场缺乏合理调控所导致，如果能有理想导向的制度设计，很可能大大减缓危机程度，但理想导向不适合眼前具体问题的解决。

第二，制度设计有没有抓住问题的要害。问题的要害即问题的核心、问题的真正所在，要抓住问题要害就应学会去粗取精、去伪存真、由此及彼和由表及里，将知识筛选延伸。

第三，制度结构是否合理。制度结构即构成制度整体的各个组成部分及其相互关系，这些组成部分是更为细化层次的制度。结构是功能的基础，不同结构产生不同功能，各项具体制度安排之间如果相互协调和匹配，则整个制度系统就能够发挥最大的功效；反之，若相互掣肘，则会形成内耗，降低制度的整体功效。制度结构中单个制度安排的结合状态有制度耦合、制度冲突和制度真空三种情形。① 制度耦合下，制度结构内的各单项制度共同指向其核心功能，彼此有机结合在一起，它们之间不存在互相冲突和抵制，使制度整体功效得到最大限度发挥。如何实现单项制度耦合的理想制度结构状态呢？依靠单项制度之间的斗争和妥协。每一个单项制度都有其背景、利益和目的，各单项制度在这些方面既有一致性，又有矛盾性，矛盾使它们斗争，一致使它们妥协，但最终会采取合作姿态，因为一味地斗争将不会有任何一方的胜出，彼此在谋求自己利益的同时充分照顾对方利益才是共赢，协调就是这样的产物，耦合的实现是一个动态过程。

制度真空即制度结构中缺失能够制约和规范某些行为的单项制度，造成制度功能的漏洞。导致制度真空主要因素有：①时代变迁。时代变了，旧制度没有破除，新制度没有及时跟上，就必然出现制度真空带，如当前社会就业容量有限，许多年轻人失业，但是，他们无法在现有的制度框架内享受到社会保障，传统的社保一般针对的是年龄大的人员。②有限理性。③利益博弈力量的对比可能使优势方逃避规制。

制度冲突是指各个单项制度作用方向不一致、对于同一制度对象的规定互相抵触，造成人们无所适从、行为紊乱，制度将失去其公信力。

第四，实施机制是否健全。机制不同于制度，机制是指机体的构造、功能和相互关系；制度是指行为准则，机制是部分，制度是整

① 张雪艳：《新制度经济学研究》，沈阳白山出版社2006年版，第137页。

体，机制使制度得以运转，如市场是一种制度，竞争、供求和价格等是其中的机制，它们是市场的驱动器，如果机制不完整，制度功能就会扭曲，没有竞争的市场是无法正常运行的，所以说，制度的功效受制于机制。

第五，制度设计是否随情况变化及时进行调整。制度使事物从无序到有序，制度调整则使事物从低级有序到高级有序。制度调整就是要在尽可能低的制度耦合成本下，随着原有制度背景的改变不断打破原有秩序，与外界保持物质、能量和信息交换，及时提高单项制度及其结构的能量，最根本目的还是使制度更加行之有效。

三 已有制度失灵的根本原因

（一）有违制度效能及失灵的基础理论

如教师资格制度就没有抓住问题的要害——教师不仅需要专业知识，更需要教育教学知识和技能；学生打分制度缺乏利益相关机制，属于实施机制不健全的问题；同行评价也有与学生打分同样的问题，它还造成不同机制的矛盾：设置奖励联系，造成派别主义，不设置，又引发个人主义。督导制度也需要随着学分制的推行做出一些调整。

（二）已有制度的共同缺点

除了与基础理论相违背，以上几种制度还有着共同缺点，它是导致已有制度化解师生信息不对称和教师私有信息失灵的根本原因，其共同的缺点是：第一，形不成教师之间的竞争关系，教学私有信息的自我化解压力缺失。

第二，缺乏信息不对称的分析视角。师生间信息不对称是教学私有信息的根源，已有的制度没有看到这种根源，就做不到对症下药。

第三，制度运行动力不足。制度中的主体利益关联度低，责任心难免弱化。学生似乎应有足够动力去认真对待，但是，他们面对的是不同学科的教学，同一学科的教学得不到比较，这个背景下的打分类似盲人摸象，以至经验知识还有很多不足的新任教者所得分数并不比老教师低。更为关键的是，学生打分时，直接课堂上的师生关系已经结束，学生很自然地不再关心对教师的评价，也不会认真对待。

鉴于此，在化解私有信息上必须另辟他途。

第五章 私有信息的起始性化解
——轮流挂牌上课制度

轮流挂牌上课制度既是学生选课机制对教师的评价，也是竞争机制对高校教师私有信息的化解，更是对教师私有信息的一种起始性化解方式，因为不被选择的教师与学生根本就没有形成信息不对称的关系，从一开始就失去了他发挥其私有信息的机会，所以，这种制度对教师是一种源头式警示，对其行为模式具有重大影响。

第一节　实践背景

轮流挂牌上课制度是问题导向研究方式下思考的结果，它催生于下面的教学实践。

一　高校竞争对提高教学质量的压力

高校竞争情况：来自高等教育国际化的挑战。经济全球化不仅对一个国家的经济运行产生很大冲击，而且对于人才培养也提出了新的要求，进入世界贸易组织后，中国进一步融入国际社会大循环中，面对国际优秀高校的教育资源、科技、管理、环境和特色等优势，国内高校再不能安于现状。

来自国内高校之间的竞争。现有高校有狭义和广义之分。狭义的高校是指中央、地方、部属传统正规国有高校；广义的高校是指包括电大、函大、职大、夜大、自学及其他形式在内的教育体系。从能颁发文凭这个角度出发，目前我国高等教育应是广义的概念。现有高校之间的竞争主要是指正规高校之间、各种成人类高校之间及正规高校与成人高校之间的竞争。①

来自现代教育技术的压力。电子、音像和互联网等越来越多地成为传统教育服务的替代方式，这些替代方式需要更少的教师、更少的学校，往往集中于名校服务，它借助于资格考试等社会教育制度的变革对现有教育格局形成压力。

来自高教服务供求双方力量对比的变化。学生及其家长是教育服务的需求方，学校是供给方。在办学主体增加的环境下，需求方的选择多元化，不同的学校能够给予的知识、能力、见识和知名度是存在差异的，价格、管理等也备受重视，高校就在这些方面展开竞争。

综合上述情况，高校竞争引起提高教学质量的压力的中间机制主要是：①生源。生源是竞争的焦点，中国的高校不能再关门称大，顺应市场经济体制，"教育只有在竞争中才能发展得最快"的理念不容争议，学生资源正在发生世界范围内的重新流动和配置，高校之间以自己的质量和实力争夺生源和优质生源不可回避。②教育方式。知识更新越来越快，传统教育方式下的教育技术、教育管理等必然要随之发生变化，以满足知识快速发展的需要；如现代远程教育同传统的教育方式和管理方式就有本质上的不同，它更强调学生的学习主体地位，要求学校调整管理模式，灵活地、最大限度地开放学习时间和空间。③社会需求。现代教育与社会的联系通过联合办学、毕业生的输送等日益密切，不能适应社会需求的教育终将遭遇淘汰，这样各学校的特色定位就变得重要起来。

二　学分制

学分制以学分为计量单位衡量学生学业完成情况。1872 年，学分制在哈佛大学校长艾略特倡导下成为一种教学管理制度，在美国哈佛大学实行，这一制度改变了对学生的统一要求，从客观存在的学生能力、兴趣和个性差异出发，实行分层次教学。1918 年蔡元培在北京大学实行"选课制"，这被作为有资料记载的在国内率先实行学分制的

① 张翠芬：《普通高校的竞争环境及应对措施》，《郑州航空工业管理学院学报》1999年第 4 期。

标志。1978 年，国内一些有条件的大学开始试行学分制，现在学分制已在国内高校普遍展开，其社会大背景是社会主义市场经济体制的确立和推行，市场体制下人才需求变得自主灵活，市场主体要从自己经营的实际需要招聘人才，不再接受硬性的搭配，与此相呼应，高校毕业生也不再实行国家计划统一分配，学生要自主择业，应对就业挑战。学分制也是 21 世纪国际社会高科技迅猛发展，对综合能力强、复合性应用型高素质人才的呼唤，它要求教育体制更加能够激发高校各类主体自我个性开发和创新能力培养。

学分制与提高教学质量的关联在于学分互换、教学联合体等学生择校形式给教学质量提高带来压力。学分互换、教学联合体是学分制不断深入发展的结果，学分互换是指高校之间接纳对方学生听课并彼此承认学分，这种做法突破了固定的学习内容、时间、空间和方式，跨越了班级、年级、院系、专业，直至学校，可以扩大学生的选课范围、开阔其视野，适应素质教育的教育趋势。教学联合体是指高校之间彼此共享图书馆、网络、师资、设备和管理等教学软件和硬件，为学生的公平教育铺就一条道路。这两种制度改变了传统教育管理模式，在培养学生、造福社会创新的同时也给学校自己带来了竞争的压力，因为它们等于学生可以在一定程度上自主择校，哪个学校的综合质量好，尤其是教学质量好，就到哪个学校去听课，同时教学质量声誉高的学校更容易加入教学联合体，进入更高的发展平台，这种压力使高校必须反思并改变传统的排课制度。传统排课按在编人员进行，实行选课制后，教师挂牌竞争上岗，这种改革关乎教师荣誉和利益，必然主动努力提高自己的业务素质。排课制度的变化使整个学校也要面对竞争调整教育资源，变被动为主动，才能立于不败之地。

三　教学中的信息不对称现象的克星——挂牌上课制

教师在品德、知识和能力等方面与学生存在不对称是师生关系成立的前提条件。一个合格的优秀的教师就是要在这些方面优于学生，否则师生完全相同，失去了信息差异，师生就变成了同学同事关系。

但是师生信息不对称也会产生对教学危害的另一面，教师"经济人"的可能性使他偷懒，获而不劳，损害教学效果。挂牌上课制的有效性在于引入了竞争机制，从教师这个矛盾的主要方面最在意的元素即职称、课酬和荣誉等利益出发设计竞争机制。

挂牌上课制作为克服师生信息不对称的手段，也有其学校特点，有的学校课酬高些，课时对教师有激励约束作用，挂牌上课制的有效性就强；有的学校课酬低，选课对教师的压力小，有效性就差，这种情况对教师个体也是同样的道理，因此，这一制度在具体应用时要有针对性，应针对教师的真正利益所在。

当前，学分制、教育科技和知识管理工程正在逐步缩小师生信息的不对称程度，但这种不对称现象永远不会消失。而且，本书立论的基础——师生信息不对称不是化解的对象，真正要消除的是信息不对称的危害性。其主要表现为：①偷懒。即出工不出力，得而不劳。②非法寻租。寻租可以理解为利用控制权使道德风险变为现实，如受贿。

挂牌上课制下教师可能放松管理，预防机制是挂牌上课"轮流制"。

挂牌上课制度加强了学生对教师的监督能力，他们"用脚投票"，不认可的老师就不选择他的课，但学生选课的动机具有复杂性，既从利于知识能力出发，又从容易获得学分考虑，这样如果教师管理严格、客观上有利于学生成长，但可能不被选择，反过来为了获得选票，可能千方百计讨好学生，对到课率、课题纪律、平时成绩、期末考试等教学环节放松要求，果真如此，挂牌上课就走向了反面，违背了改善教学的初衷。

为避免上述情况，挂牌上课采取轮流制度，即一个教师不是自始至终每个学期都进行挂牌上课，不同学期推出不同的教师挂牌上课，其余时间或其他教师按指定班级上课。这样，一个管理严格的教师就不会被学生口口相传其课程不容易过关而遭学生淘汰。

第二节　理论背景

一　利益相关性激励论

激励指组织对其成员或个人对个人采取一定的措施以使被激励者

努力工作、达成合作。按照激励理论，要对一个管理对象进行有效激励必须满足其需求，也就是他的利益所在。激励理论在做了经济人的假设后，将注意力转到契约设计方面，这样激励理论实际上就是如何制定契约的理论。轮流挂牌上课制度首先把握教师的利益构成，然后有针对性地设计了这一制度，以提高教学效率，符合激励理论。这种制度没有改变组织成员的利益指向，而是在肯定其需求的前提下使其行为能够得到校正，从而更好地实现组织利益。

以激励理论为分析工具属于投其所好式的制度设计，这是否算作投降于犬儒主义和颓废主义？犬儒主义是指丧失价值和意义追求，主体对自我认识和外部世界的认识陷入迷茫；颓废主义是犬儒主义的极端状态，对价值差异感到漠然，归于颓废。两者主要起因于两种情况：一是现代化进程中的问题，如诚信、环境、分配等问题，致使进步梦幻破灭；二是货币的作用，货币本来是人们交易的手段，但慢慢变成了目的，它把一切差异皆化为货币量的不同，再高价值也成了价格，人们不再注重事物质的差别，在价值问题上变得消极无所谓。

学校既不是一种政治组织，也不是一种企业类市场组织，它受命于政府，使用财政经费，担负培养人才重任，其目标不是利润最大化，怎么能够以利益为诱饵？学校的成员教师被誉为人类灵魂的工程师，他的行为动机似乎不应是利益，而轮流挂牌上课制度恰恰违背这一认识，把教师假设为追求私利、会进行成本收益算计的经济人，那么这种思维是否太消极了？

不是的，制度要引导，也要从现实出发，讲求可行性、可操作性，与单纯理论研究不同。当理想和现实发生矛盾时，不能偏向某一方，到底听谁的？折中、斗争妥协或力量大者胜。这里是利益激励，而不是理想激励的力量更大，所以，还是把利益激励作为制度有效性设计的理论基础。

二　有限次博弈论

有限次博弈论用于解决轮流挂牌上课的突出问题——教师放松对学生的管理。

有限次博弈是指合作关系不会永远存续，博弈各方知道何时结束合作，与无限次博弈相对，无限次博弈中的合作长期持续，或合作次数有限，但当事人不知何时结束合作，类似无限次合作。前者容易出现机会主义行为，使合作无法形成，因为如果一个人在最后一次合作时损害他方，他人预见到这种行为，会在头一次就采取机会主义行为，合作者进而再提前损害对方的时间，如此直到合作开始就互相损害，致使根本无法进行真正合作。后者当事人也会有机会主义打算，但由于合作关系是持续的，有下一次合作遭到报复的威胁，所以机会主义不会变成现实的行动。

在挂牌上课制度下，情形恰好相反，如果一个教师每个学期都承担挂牌上课，他又是一个要求严格的老师，各届学生之间就会相互传扬，使得下一届的学生慑于其威严，而放弃对他的选择，所以，这里恰恰需要设计有限次博弈制度，或者是双人单次博弈，双人指学生和教师，他们虽是两类人，但在选课时段是一对一的关系。在这种制度下，教师即使严格要求，学生想在以后的选课中报复他即放弃对他的选择，也就无法实施了，因为这时他已经不在挂牌之列，他不会因要求严格而没有工作量，他已经得到了指派的任务。学生只好转而选择其他的挂牌教师，由于缺乏了解，很可能又选择了严格的老师，这样正好促成了教学质量的提高。

可见，有限次博弈之所以能够解决教师放松对学生的管理问题在于利用了其中的博弈关系中断机制。

三 外部成本内部化理论

社会成本理论认为，一个人的行为对外部会产生一定影响，这种影响分为两种情况：一种是正的、积极的影响，即给他人和社会带来福利，自己并没有获得回报，如养花人使路过的人享受到花的美丽，过路人无须支付费用，其所得小于其贡献，有一部分成果让外部分享了；另一种外部影响是负的、消极的影响，即给他人和社会带来伤害，自己却不付出代价，其成本小于其制造的总成本，有些成本代价转嫁给外部了，如工厂的废水流入田野，毁坏了土地，工厂却不承担这部分代价。对待正的外部影响可以采取奖励的形式，对于负的影响则是想办法使其内部化，也就是让造成损害的主体承担责任，主要形式有税收、限制生产等。

如果教师不认真上课，他损害的就是学生、学校和国家的竞争力，轮流挂牌上课制度就是通过减少其授课机会来使教师自己承担损害成本。

四　成本最小化理论

经济学追求生产商品的成本最小、利润最大，制度作为一种特殊的产品，也要坚持最小最大原则，人们建立制度是为了借以获取收益，但建立制度也是需要花费时间、精力和财力的。制度成本是指社会在制度创新过程中所花费的人力、物力和财力的支出与流失，包括：①新制度建立的直接必要成本。有物质资本和人力资本的投入以及各种交易费用，含硬件投入、软件投入，新制度需要调研和反复论证。②新制度被认可和接受的过程及费用。受利益关系和认识的制约，人们接受一项新制度需要一个过程，这期间会产生一系列的成本如新制度宣传、劝说成本等。③无序成本。指在制度转轨的过程中，由于旧制度瓦解、新制度尚未完全建立所导致的社会无序带来的消耗，具体表现为各种经济纠纷、灰色和黑色经济行为带来的损失。④腐败成本。由于新制度不完善，导致各种势力在不受制约的情况下侵入社会经济机体带来巨大的社会损失。如权力"寻租"活动、强权行为和正确价值观缺位对生产的冲击，这时人们容易进行分配性努力而忽略生产创造。①

轮流挂牌上课制度利用学生的直接选择和教师之间的适度竞争，免去了组织外在的监督成本、减轻了教学腐败如教师只求报酬不愿付出等的成本，提高了教学效率。前三项成本会随着时间的推移逐渐减少，况且相对于教学质量提高的收益而言，它们是值得付出的。需要说明的是，这里的成本收益很难用金钱来衡量，因为制度成本不只是金钱投入，还有其他成本，如人们在新制度运行下的精神状况、时间成本等，制度的收益也不只是金钱，还有或者说主要是学校的知名度的提高、学生进入社会以后的竞争力增强和国家的竞争力得以改善

---

① 许永刚：《中国竞技体育制度创新》，人民体育出版社 2006 年版，第 89 页。

等，所以这里的制度成本收益分析不同于纯粹经济学的分析，只是提供一种思路。

第三节 相关理念

理念即系统的、根本的思想，轮流挂牌上课制度总的理念是化解私有信息，具体体现以下主要设计理念，它们共同指向师生博弈关系起始阶段的私有信息失衡。

一 精品、特色办学理念

随着整个社会体制的变迁，高校竞争加剧，各学校为获得竞争优势纷纷在做大做全上下功夫，综合性院校越来越多，忽略了精品和特色理念。轮流挂牌上课制度恰恰反对这种博大性，力争的是在自己所长的领域做好，培养质量永远是学校的根本。

二 信息平衡化理念

信息关系带来的危害来自信息不对称，要消除其危害必然要平衡化当事人的信息力量。

轮流挂牌上课制度具有开放性，它允许学生对教师的质疑和评论。在这个过程中，他们会获得相关信息，并增强以后听课的知识吸收和评判赏析能力，无疑会使师生间倾斜的信息力量对比得到减缓。

用制度管理师生和管理中强调人性化并不矛盾，实际上这项教学信息管理制度可以使教学主体的行为方式都处于比较理想的状态，使其活动可以预测、控制，正是人性化的需要。人性化管理，就是在管理过程中要充分注意人性要素，人的自然属性在生理层面是要求快乐而不是痛苦，在心理层面是要求尊重而不是贬低，在心灵层面是希望有长久的目标而不是虚度一生；人的社会属性是对行为后果的考虑、对自己长远目标的考虑和对人生价值的考虑。从人性出发，人性化管理要对人持尊重态度、给予物质激励和精神激励、提供发展机会等。获得信息可以归入人性需求的心理层面，也有助于其社会属性的实现。

三　贯彻学生自主理念

培养学生自主决策的能力是高校重任之一，挂牌上课制度要求学生自己选择教师，是他们积极主动地参与教学活动的形式，可以激发其学习兴趣，对提高教学质量会收到事半功倍之效。

了解学生选课选老师的思想和准则、观察其选择的结果可以识别其自主能力，其突出的问题是盲从行为和盲目行为。盲从行为不顾个人兴趣、能力等特点照抄他人的选择，盲目行为虽然不照抄别人，但同样缺乏选课分析，随便填写，这两种情况都使自主选择流于形式，因此这一制度的落实必须对学生加以引导。

四　协议竞争理念

轮流挂牌上课制度属于协议竞争，与自由竞争相对。自由竞争是指没有竞争主体之外的机构进行监督，竞争者之间直接竞争，在自由竞争模式下，博弈往往不能涌现高合作率，其解释是个体行为的作用对象是单一个体而非一个群体，存在具体的"背叛"目标，即个体行为不缺乏针对性。此时，"针锋相对"策略的善意和宽容（不首先背叛，不记旧账）并不能有效传递其合作意愿，反而纵容不合作主体的恶意行为；同样，以背叛的方式回敬对手前一次的背叛也无法有效惩戒不合作主体，因为大家都想取得一个竞争的相对优势，这样，自由竞争模式就打击了合作性主体的积极性。这里是指教师之间的直接竞争，方式多样化，但也容易出现偏颇。

协议竞争是有序竞争，竞争者接受专门的机构规制，轮流挂牌上课制度是在学校统一管理下的教师之间的竞争模式，相当于教师和学校之间签订了一份协议，既达到了促进竞争的目的，又规范有序。

第六章　私有信息的过程性化解

——对象性双向制

第一节　教学私有信息的过程性
化解中存在的问题

教学是课堂内外教学管理的统一，是授课、考试、阅卷、学生的社会评价和就业等若干教学环节组成的过程，从学生入学、师生关系形成的时候起，教学过程就开始了，高校教学私有信息的化解问题应该贯穿教学过程的始终，本章首先剖析教学过程中存在哪些阻碍私有信息化解的问题，然后给出"对象性双向制"对策。

以下几种管理方式贯穿于整个教学过程中，它们不利于私有信息的化解，本节将它们逐一剖析。

一　双层代理

双层代理是指在教学过程中，教学管理部门委托教师授课，两者之间存在一层委托—代理关系，然后学生和教师之间也属于一种委托—代理关系，即学生委托教师向自己传授知识技能。如果再把学校算进来，学校和教学管理部门也是委托—代理关系，这样就出现了学生和学校之间的三层委托—代理关系。甚至可以把学校看成是社会的代理者，链条进一步拉长。这样，双层或多层的代理关系使管理"鞭长莫及"，为学生服务的信息可能被层层掩盖，对教学质量至关重要的一些信息可能湮没在绵长的代理链条中。

依据信息科学基本原理，可以使这种"教学信息淹没"的分析清晰化。从信息识别角度看，长链性的代理关系不利于教学客观信息的获取，或者说它获取的是一种"机器信息"。信息获取的首要环节是信息的感知，即感知事物运动的状态及其变化的方式，通过客体事物与认识主体的相互作用把事物的本体论信息转变为第一类认识论意义的信息，事物的本体论信息即事物运动的状态及其变化的方式，即事物的本体论信息——信息感知——第一类认识论信息。但机器信息则另当别论，它只"感受"到事物运动的状态及状态变化方式的形式，并不理解事物运动状态及其变化方式的逻辑含义和效用价值，换一种说法，机器感知的输出结果只是语法信息，而没有语义信息或语用信息，确切地说，信息感知过程对于它所感受的信息而言，是有感而无知，它感觉并知道这些运动状态及其变化方式的存在，但不知道它们的内容和价值。长链条的教学委托—代理关系就是类似的机器，它有制度在那里推行，但是却不知其意义和效果，是一种机械运动。

信息感知需要基本机制，即要具有某种组织或器官，在人工系统场合则是某种器件或系统，它们能够灵敏感受到某种事物运动状态及其变化方式，也就是说，要有某种组织或器件能够在某种事物运动状态及其变化方式的刺激下产生相应的响应，这种刺激与响应关系的成立应当满足一定的条件：第一，具有一定的敏感域，即感受域；第二，具有一定的敏感度，即灵敏度；第三，具有一定的保真度，即可信度。教学长链条面对这样三个条件，只有第一个还能具备，链条上的各层次以及各层中的个体对于教学努力的状态及其变化可以感受到因为毕竟具有完备的相关制度框架，第二个和第三个条件则恰是其短边，由于利益的远距离，各个层级和主体对相关信息变得迟钝、真伪不辨。这既有人的感觉器官在感知外部事物的信息方面存在天然缺陷的原因，有理性分析能力的局限，更有主观的疏忽大意。

显然，机器性质的教学长链条信息感知系统输出的只是事物的第一类认识论信息的语法信息，而不是全信息，也就是说，机器目前只能代替人的神经系统，而不能代替人的思维系统，所以必须使其受到认知与决策系统的指挥，所幸对于人类主体来说，完成这个任务不会有困难，人类主体有能力在后续的认知与决策环节重新给语法信息赋予相应的语义和语用因素。对教学私有信息的分析正是在做一点此类工作。

从信息传递理论看，长链性的代理关系不利于教学客观信息的真实沟通。信息传递的核心问题是准确、迅速、安全、可靠。长链性的代理关系作为充满噪声的信息通道，很可能使信源信息和信宿信息即输出信息相差悬殊，结果变得缩水减量、失真扭曲、转移迟缓，并且没有编码、调制等中间环节来尽可能缩小两者的差距。一个完整的信息传递模型是信源—换能器—编码—调制—信道—解调—译码—换能器—信宿。信源即信息最初产生的依存之物；换能器是把信源信息映射为信号的装备；信号的放大、编码、调制是为了实现信源与信道在性质上的匹配，满意地传输信息，理论上说，信源和信道给定以后，信息传递水平就取决于"变换"技术的水平了，即主要取决于编码技术和调制技术的水平；信道指信息载体能在其中进行时空转移的媒质或设施；解调、译码和第二个换能器是为了得到有效输出信息的技术工作；信宿即信息的接收者。

信息传递要高效率地完成自己的空间信息移动任务，必须具有这些性质：信源具备产生语法信息的能力；换能器、编码、调制、解码和译码等准确及时，信道噪声小、容量大，信源与信道互相匹配。但长链性的代理关系却具有许多相反的性质：各层次上的主体对教学信息采取有分寸的隐藏保留态度，即信源的信息含量从一开始就有问题；信息传递容易片面失真；传播渠道噪声大、干扰强；起始信息可能与信息传播渠道不匹配；信宿对信息低效接收。解决教学信息传递问题的困难还在于一个重要的事实——信息和噪声都具有随机的性质。可见，信息传递的每个环节几乎都有致命性问题。

出现这种情况，既是由于链条较长，也与信息类型有关：信息科学中的信息多是指语法信息，而教学实践中的信息则是全信息，即语法信息、语义信息和语用信息，传输的不只是事物状态，还有其具体内容和意义分析，后者涉及相关主体的切身利益，容易被回避扭曲，这是不易改变的事实；在实际考虑问题时，人们不仅要传递信息，还要考虑其所传递信息的影响，更要研究各种可能的传递差错所造成的损失或所必须付出的代价，如果不需要付出代价，那么这种差错和是否进行信息传递就无所谓了；理性的人们追求最小风险，所以就自行沉默了，或给出有利于自己的信息，或扭曲编造信息。由此可知"长链条"教学信息传递的效率会怎样，教学信息作为教学改善的支撑又是多么脆弱。

在这条代理链条上，结有四层主体，即学校、教学管理部门、教师和学生，而且每层又由多个个体组成，他们既有很多共同点，又具有较大差异，却共同承担着相同的目标——保证教学质量，但每一个层次、每一个个体的努力、贡献和得到的评价是那么难以确定，这对他们的心理和行为无疑会产生巨大影响。其中有一个"负向学习迁移"问题——既然由于漫长链条的客观原因，突出的表现得不到格外的注意和肯定，那我干脆就不去努力，只付出一般的劳动甚至偷懒。

学习迁移是指一种学习对另一种学习的影响或已习得的经验对完成其他活动的影响，或者说是已获得的知识、技能、学习方法或学习态度，对学习新知识、新技能和解决新问题所产生的一种影响。一般把先前的学习对后继学习的影响称为顺向迁移，把后继学习对先前学习的影响称为逆向迁移。无论顺向迁移还是逆向迁移都有正负之分，凡是产生积极影响的迁移，称为正迁移，简称迁移；凡产生消极影响的迁移，称为负迁移，简称干扰。

在教学过程中，既存在先前的教学努力对后继教学努力的影响，即顺向迁移，也存在后继教学努力对先前教学努力的影响，即逆向迁移，但无论是顺向迁移还是逆向迁移都是负迁移，因为以前的努力由于较长的链条得不到客观的评价，以后就会降低努力程度，后面的努力得不到正确评价，也会消解前面努力的自认可。

学习迁移与前面讲到的尾随强化不同，是不是进行尾随强化，取决于主观认识，而这里的学习迁移问题是客观的，即客观原因造成了行动的无法强化和消极应对。

二　单次博弈

博弈是一定主体包括个人或团体在特定情境下受制于规则约束，凭借掌握的信息，根据对方策略或自己的固定策略，一次或多次进行策略选择并从中取得尽可能大的收益的过程。高校管理者和被管理者之间看似重复博弈关系，实则单次博弈，即使有重复博弈，即多次打交道，也很可能隔了较长时间，与前面没有什么衔接了，几乎等于单次博弈，属于静态博弈，因为一个管理部门对应的是多个教师个体，不可能连续地单独对弈。

单次博弈是指博弈各方同时做出决策，博弈各方对于对方收益完全了解。或者说博弈各方的决策虽然有先后顺序，但是，没有人在决策之前了解其他博弈方的决策行为，各方之间没有进行交换信息，一旦决策做出之后，就只能等待结果，对事情的发展再也不能产生任何影响，事情的结果还要取决于其他博弈方的行为选择，这种博弈叫作静态博弈。在考试的场合也是这样，老师命题在先，学生参加期末考试在后，但是，这个先后顺序没有实际意义，因为彼此之间并不能沟通信息并进而相互影响，考生得分高低和对考试难度、题型、知识覆盖面、理论结合实际的程度等评价，必须等待考试结束之后才能知道，老师和学生的决策行为做出之后就再也不能影响事物进程，而只能等待考试结束以后。教学实践中的问题是随时出现的，教师在第一线，了解得最及时清楚，但管理制度具有稳定性，不可能随时随地去改变，所以，就形成一种状态：教师从事教学，管理部门管理教学，两者却有点互不沟通，要等到矛盾问题积累到一定时候，才能知道结果，进行处理。

与动态博弈相比，静态博弈具有以下特点：第一，博弈各方在策略选择上彼此分离。每一个博弈者的策略只能自己做出，不能够根据其他博弈者的策略做出调整。同时，每一个博弈者的策略又是一种占优策略，即能够给自己带来最大收益的策略，无论别人如何选择自己的策略，每一方的最优策略选择都是唯一的。第二，"策略""选择"及"行动"等价。在静态博弈中，每个博弈者只有一次选择行动的机会，所以，"策略"就是这个唯一的选择或行动，在动态博弈中，每一个博弈者的选择很可能不限于一次，而是有数次甚至许多次。第三，博弈各方客观上互相影响。各个利益主体独立地做出自己的决策，如果没有利益上的关联，倒也无所谓，关键是他们分别做出的行动却合成了一个影响大家的共同结果，对后面博弈关系的调整就利益攸关了。

以上特点使单次博弈失信的概率很高，因为失信不能被对方强化记忆和报复，市场经济之所以诚信缺失，原因多种多样如货币拜物教作祟、市场管理疏松等，但就交易双方来讲，最重要的原因还是单次博弈，尤其对交易方不固定的、非专用性的交易来说是如此，交易双方往往不再见面，没有被下次交易报复之虞。单次博弈中失利的一方在市场经济的场合是消费者，在教师管理的场合就是管理部门，表明货币方处于信息弱势的被动地位。在互不"通气"情况下，管理者和被管理者的决策空间都非常大，教师在遵守制度和不遵守制度的两极以及中间领域有广大的空间，管理者在改变管理和不改变管理、这样管理和那样管理之间也面临众多选择，彼此的选择很可能不能合拍，这就是两者间静态性质的博弈造成的问题。

信息传递科学认为，由于信道中存在噪声，所以，信道传递信息效率必然下降；噪声越高，传递信息就越困难，当噪声严重到一定程度时，传递信息就变为不可能，在有噪声游动的信道上传递信息，很可能发生差错。但是在同样的噪声条件下，如果能够降低信息传递的速度，或者重复多次传送某个信息，就可能提高信息传递的可靠性，减少差错；进一步地，信息传递速度降低越多，或者重复传递的次数越多，最终的差错率就越低。这里的单次博弈或无效重复博弈就类似于使信息传递变得不可能的高信道噪声。

这一说法和现象是以个体理性与集体理性相背离为前提的，教师的长远利益与学校的整体利益和长远利益本来是一致的，它们之间无论管理频率如何，教师都应该展现一如既往的优秀，但博弈论的人性假设也是经典经济学的假设，即具有强烈利己心和算计能力的经济人，因此在短期利益和个体利益上，教师往往采取机会主义行为而偏离组织利益。现代实验经济学的出现和发展，使经济学家像自然科学家一样在实验室中研究人类的经济行为，为博弈论的神经机制提供数据基础，或许有一天经济人的假设将被改写。

三 低层次

这里主要是指学生信息员制度，一些大学在班上设立学生信息员，随时向管理者汇报教师的教学和学生的学习情况。学生作为教学服务的最终接受者，确实有必要参与到教学管理中来，但这仅是一种价值观意义上的看法，只具有公正性的要求，由于学生知识信息的弱势状况，他们的策略只是参与，他的价值观和信仰取得合法化和尊重的同时，得不到明确的科学的表达，对教学评价和业务讨论等改进教学的高理论专业素养方式往往有心无力，是一种低层次的走过场。

评价比学习本身有更高要求，评价者也没有接受过有关评价的培训，它懂不懂得如何进行评价，直接决定着评价的水平，以及对以后教学的影响。教学评价是根据教学规律、目的和标准对教学过程及其效果给予价值上的判断过程，教学评价应从整体的观点出发，对整个教学过程的基本要素如教学态度、内容、方法与效果等进行具体的分析和评价。

教学态度、内容、方法与效果等要素前面已有论述，这里谈一下教学规律，教学规律可以主要概括为以下几条，是搞好教学质量评价的保证：

第一，教学是主导性与主体性的统一。无论采用什么样的教学方法，也无论如何强调自主性学习，教师总得起主导作用，教师对知识要讲授、对学生理解的偏差要引导、对各种看法要进行综合，等等，哪里都离不开教师的作用，对学生在学习上绝对不能放任自流；另外，教师不能代替学生思考，学生必须主动预习、提出问题、复习、结合实际进行理论思考，等等，不能叫老师牵着走。这样做也符合建构主义理论，它认为学习者是认知的主体，是价值意义的主动建构者，教师只是意义建构的帮助者和促进者。总之，教学是教师主动教与学生主动学的辩证统一，缺一不可。

第二，教学是知识性与思想性的统一。"教什么"是所有教学环节中最重要的一环，大学首先要教给学生基础知识和前沿知识，同时提高学生的思想认识水平。如果只讲知识，不讲思想，就把学生培养成了没有情趣价值的机器；反之，如果只讲思想，不讲知识，思想也就成了一只空的口袋，支撑不起来，是无源之水、无本之木。

第三，教学是知识性与能力性的统一。或者说教学是知识传授与能力培养的统一。知识不是能力，只是能力发挥的基础；能够把知识运用于现实的人，才是有能力的，如果仅仅有知识，却无法运用知识解决问题，就是没有能力的。学习知识是为了运用知识，因此必须把知识放到实践背景中去，了解知识的来龙去脉，才能真正地理解它，然后还需要把知识与以后的实践相结合，培养学生运用知识、创新知识的能力。所以，教学绝不能满足于仅仅把知识教出去，还必须特别注意在教学生如何运用知识上下功夫。

四　单向性

单向性是指教学管理单方面指向教师，缺乏反馈沟通以达成共识的环节。从学生评教看，主要形式是学生给教师打分制度和学生信息员制度，在打分制度里，学生随意性较强，至于为什么打那个分数、依据是什么、希望教师以后有怎样的调整、如何保证调整的实施等问题，则没有了下文；在学生信息员制度下，学生向有关部门报告了教师的哪些特点和做法、是否客观属实、评价是否合理等，也不得而知。从教师之间相互评教看，互相鼓励或恭维多于批评校正，往往听不到真实的想法和建议。从领导听课看，教师或多或少对负面意见有抵触心理，于是领导往往婉转有余、教育不足。从校级督导制度看，督导者与教师专业不同，没有对话的知识基础，只能就教学形式做一些评价，在发挥一定作用的同时也存在较多问题。

在这种单向性管理氛围下，教师容易产生一种被监视、不被信任的不愉快的感觉，自觉不自觉地产生对立情绪，失去了工作的崇高感，干劲和效率必然下降，因此管理效果差。这里面有个信任的力量问题。信任是指坚信我们所依赖的人能够满足我们对他们的预期。信任不等于盲目的忠诚，盲目的忠诚即绝对的忠诚，它没有理由，忠诚者没有自己的价值观、信仰，哪怕忠诚的对象和他的价值观相矛盾、对他的利益有害处，他也不会改变。教师不是盲目的忠诚者，作为知识分子，他们最善于独立思考，最倾向于坚守自己的观点，最不容易倒向他人。信任也不等于不改变，相反，它比忠诚更灵活、比忠诚更容易被打破，但是信任一经建立，就会产生巨大的力量。

信任的力量表现在：第一，产生协同工作效率。管理者对被管理者方向上的信任使管理者给被管理者更多的自主权，被管理者对管理者方向上的信任使被管理者配合管理者的管理；同时不同层次的管理者之间和被管理者之间也会彼此协作，完成共同的任务。第二，自如应对不确定因素。现实具有不确定性，随时需要灵活处理，而信任基础上的授权和分权使第一线人员能够做到这一点。第三，促使被信任的对象获得成功。一个组织、一项制度或一个个体获得信任，意味着信任者相信自己在它们面前不会成为牺牲品，会竭力配合、促其成功。总之，信任成为组织关键性的竞争手段。信任适用于具有活力的、变革性的组织，远离呆板的官僚主义组织结构，在那里，法规被强制执行，控制管理严肃拘泥、浪费时间，新时代需要的是更高信任水平的新的组织和管理形式。

信任来自被关注。单向性管理使教师容易收回对管理制度的信任、使管理丧失其效能，原因恰恰在于它忽略了对教师的情感关注；教师不了解评教者行为是否正直。单向就是不沟通，不沟通就不能了解，不了解就会怀疑、漠不关心，甚至抵触，就谈不上信任，了解是信任的前提；不了解就谈不上理解，而理解是传递信任的媒介。评教没有回应，教师就无法信任评教者的评教动机和能力，因为不了解而信任使教师感到风险。

其实，在整合系统时有必要让渡自己的一部分权力，让渡权力实际是在更大范围内扩张自己的权力，在一个合作的环境里，将不再有完全的自我和百分百的主权，凡要在合作中获得更大利益者就必须接受他人的权力和利益，一个国家在国际事务中如此，一个团体在社会事务中也是如此，一个主体在其组织中更是如此。评教者与教师进行密切沟通，丧失的是神秘性，得到的却是和谐性和高效性；花些工夫沟通和了解教师的预期是值得的，教师需要的首先是尊重，了解并满足教师的预期，对各项制度做清楚明白的说明，就容易得到他们对制度的理解和信任，管理的效果自然就提升了。

第二节　对象性双向制

一　对象性双向制含义

对象性是指制度有其针对的特定目标，如教师及其各种检查培训，双向制是指管理者和被管理者互相沟通、相互反馈，而不是单纯的教师对管理者的报告或管理者对教师的检查。对象性双向制即通过管理部门对教师的督促培训和教师对管理部门的管理信息反馈实现双方互动的一系列制度和规则。

对象性双向制是一个庞大的互动系统，可以把它分为环境信息系统、需求系统（包括物质的和精神的）、知识经验系统（包括自己的和他人的）、信息加工系统（对信息的概括、判断和推理）和行为反应系统五个要素系统，其相互关系如图6-1所示。[①]

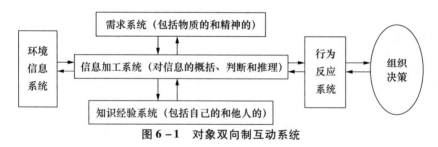

图6-1　对象双向制互动系统

图6-1包括多个参与者，每一个参与者都从其需求系统出发，依据知识经验系统的相关知识和经验对环境信息系统的信息进行加工处理，形成主体决策；行为反应系统反过来通过信息加工系统为其他各系统提供反馈，各系统相互作用修正主体决策。各个参与者的五大系统多次反复互动，最后确定组织的整体决策，组织决策再与其他系统进行动态的相互作用，不断完善。

二　对象性双向制工作内容

工作内容决定于工作目的，对象性双向制是力求从过程的角度化

[①]　宋官东等：《服从行为的心理学研究》，《心理科学》2008年第31期。

解教师私有信息，过程性角度即信息不对称关系形成以后，从始至终地关注这种关系的化解，及时发现问题及时解决问题或一直跟踪问题直到解决。所以，凡是有利于这一目标实现的因素，都可以纳入其工作内容。解决教学问题的制度还是要围绕教学工作展开，有鉴于此，我们选择教学的主要方面，如教师培训制度和教学检查制度，包括教学思想态度培训、教学技术方法培训、教学准备计划内容方法作业课堂气氛和考试等教学流程培训、教育思想培训，以及不同教学环节的检查制度。

培训的本质是改变培训对象的错误、纠正其偏差、强化其正确的方面、灌输新的观念和做法。社会心理学的态度改变理论对培训的有效性是一个很好的说明，它是指已经形成的态度在接受某一信息影响后会引起变化。正因为态度的可变性才使培训不至于陷入徒劳。培训检查工作的有效性还受制于其内容的权威性，心理学的实验揭示了人们倾向于接受权威的影响，所以使用权威的教材、聘用权威人员效果更好；动机的纯洁性，即培训检查是为了提高教学质量，而不是其他的功利目的如创收扬名等，社会心理学的实验表明，反自身利益而行之的行为更容易产生影响；技巧的含蓄巧妙，知识分子更认为，自己有能力做出自己的理性判断选择，不轻易承认，甚至反感他人对自己的影响，所以检查培训过程中尤其是教学检查中应切忌生硬、直率和高人一等的姿态。下面每一种培训检查均有其特殊意义。

关于教学思想态度培训。教学思想态度是指教师在教学活动中受其教学思想观念的支配而对学生和教学过程所表现出来的一种稳定的心理倾向，其行为特征为对教育事业的忠诚、一丝不苟的治学精神、良好的师生关系、诲人不倦和为人师表的作风。它区别于教师的认知能力，认知能力教给学生知识和技能，教学思想态度影响的则是学生对学习的兴趣及学习的有效性。它也不同于教学内容和方法，后者是外在的，而它是发自内心的，对学生的人格、精神和能力起到促进性作用。

关于教学技术方法培训。教学技术和方法如黑板式教学、多媒体技术、实验方法、语言法、直观法、案例法、讨论法和练习法等不胜枚举，教学技术方法培训意义在于因人而异、因专业而不同，等等，有助于学生接受教育内容是其根本。

关于教学流程培训。达到教学规范的效果。

关于教育思想培训。高校的组成部分可以分为不同的层次：有形的可见部分，如校园绿化、教室设备等；无形的制度部分，如制度的完善程度、执行情况等；无形的办学理念，如竞争理念、人才培养目标等。不同的层次都是教育思想的体现，但尤以第三个层次最为根本。

关于教学环节检查。检查是为了巩固成果，校正错误和偏差。

过程性角度的化解方式可以弥补起始性化解方式不足，起始性化解方式尽管可以排除一部分教师，使其私有信息无法发挥作用，但不管哪个教师被选中，都会立即形成信息不对称，这时，起始性化解方式就无能为力了，而过程性化解方式刚好递补上来，它全程跟踪沟通，具体来看，上述各种培训和检查制度之所以能够从过程性角度化解私有信息，是缘于其作为对象性双向制的以下特点。

三　对象性双向制特点

（一）过程性

过程性是指教学管理贯穿于教学活动的始终，具有连续性，是各个相关主体遵守和利用制度实现自身目标的过程。它包括程序的过程性即各方的积极有效参与、结果的过程性即决策体现着各方诉求。

管理的过程可以看作是由管理者、教师、学生、专家和社会上的利益相关者以及战略、规则组成的一种博弈，这种博弈又是一种循环往复的过程；管制机构、学生与教师之间存在明显的信息不对称，信息的获取依赖于连续的收集和积累，信息不对称是管理过程性设计的根本原因，信息是决策的基础，信息博弈是一个长期的过程，这必然导致管理的过程性。另外，价值性自由裁量权也是过程性管理的重要原因，由于人的有限理性和客观条件的不断变化，各种决策规定及其执行不可能是刚性的，为管理者留下了一定的基于价值来行使的自由裁量空间，管理者的主观性参与进来，而过程性管理可以进行抑制。管理者和教师之间可能的合谋也是管理过程性的一个原因，学生在这里作为弱势方，不是因为他们的组织成本高导致的组织程度低，而主要的是因为其知识弱势地位，管理者就有可能被信息优势一方即拥有知识优势的教师群体所俘获，彼此合谋，在规定及其执行上偏于教师，而吸纳学生参与的过程性管理可以起到纠偏作用。

总之，管理的有效性取决于管制机构与教师之间和教师与学生这种消费者之间的信息对称程度、消费者与教师之间的有效对抗程度、管制机构与教师之间的合谋程度。过程性管理可以在一定程度削弱信息不对称程度、提高有效对抗程度、降低合谋程度。

它与时点式即间断性的检查培训制度相对应。要注意的是检查培训的频度问题，过于频繁会影响教师的正常工作，过于疏松会导致其工作懈怠。

（二）双向性

双向性是指管理者和被管理者相互沟通、良性互动，依据的是行政管理中的平衡理论和参与产生结果认同的心理理论。从理论上讲，管理者作为组织利益的代表，其目标是学校的公共利益，但是，统一的、完全客观的公共利益并不容易确定，组织中实际存在很多的不同个体和集团的特殊利益，其中管理机构可能的恣意行为要防止，利益主体之间需要制衡，连接管理者和利益主体的信息要能够获取，所有这些都需要平衡来支撑。利益主体之间之所以需要制衡，是因为组织起来的强势利益集团往往控制决策，建立制衡机制有利于缓解这种现象以保障弱势者的利益。管理机构可能的恣意行为受到制衡缘于其自身利益的存在和"被俘获"① 的可能。相关信息的可获得性支持各主体的有效对抗。

现代法治理念的一个基本信条是，当所有的利益都得到考虑时，正义产生。正义感又产生认同感；"权威—服从"关系式是社会心理学家米尔格拉姆（S. Milgram）经过实验证明了的"科学真理"，但这

---

① 1971 年斯蒂格勒等提出"俘获理论"，指行政决策过程被组织成本较低的企业左右，使管制无法有效约束垄断性定价行为，还会通过政府干预支持垄断行为，出现管制过度和管制滥用。

里的权威不是异于自身的客体，而是参与者自己，这样，"权威—服从"模式就变成了"参与—服从"模式。

具有双向性特点的对象性双向制体现的是对员工的情感管理。双向互动有助于培养组织成员的积极心理品质，是对积极心理学在人力资源开发上的运用。积极心理学注重的是人性的优点而不是人性的弱点，其研究认为：幸福、勇气、希望、自信、快乐、毅力、诚信、合作和满意等人类的积极心理品质是人类成就的主要动机和前提条件，是人类赖以生存与发展的关键与核心要素。因此，对一个组织如学校来说，如何挖掘其员工的积极心理对提高组织的绩效具有重要意义。若教师存在懈怠、混日子等不同的心理问题，自然对学校形象、管理成本和效益产生负面的影响。互动式的沟通是教师积极性情绪体验的一条有效途径，其机制是参与，参与使人感到尊重、理解、关心和信任，这些积极情绪统一于快乐，快乐使人增强自我调控能力、提升工作主动性和创造性，最终实现组织的绩效目标。另一个重要机制是自我决定感，自我决定理论（SDT）认为，自主性的心理需要得到满足时，人的内在动机最为强烈，在对教师的人力资源管理中，双向制就特别关注了教师的自我决定感，必然是一种有效管理。

其优越性与单向性制度对比在于能够使各方得以充分表达自己的利益和意见，减少内心冲突，从而平衡利益各方的信息和话语权，最终形成一种各方都可以接受的利益分配方案，使利益协调发展，"参与—服从"的行为方式也使管理平和有效。进一步的认识是，这种行为方式绝不仅仅是缘于参与者表达和谋求自身利益，一开始也许有这样的动机，但随着参与过程的推进，他们越来越认为他们所做的是一项有意义的工作，并积极地表现出社会角色的行为，管理本身具有的合法性和合理性使参与者坚信自己的参与对组织和社会是善意和有用的，是对科学真理的追求，同时被动、依赖、压抑、无助、自贬等消极情绪与行为随之消失。可见，社会角色规范对人的心理与行为的影响是怎样的深刻，这也是一个组织的境界提炼对其成员产生感召力、凝聚力和高效率的精神原因所在。

（三）跟踪式跟踪管理

即按照客观教学现象和环节进行全面管理，它区别于单项管理、随机抽查等，对问题进行自始至终的关注，直至彻底解决。这种管理的形式可以是专题跟踪，即针对教学中的特定问题对不同的教师进行连续性检查和反馈，如传统教学方式和多媒体教学方式的结合利用问题；也可以是专人跟踪，即连续对某个教师针对其自身的特殊问题进行检查督促和反馈，而不是一次性的检查和结论，如有的教师只顾自己讲授专业知识、忽视教学组织；还可以教学环节为线索顺序逐一跟踪，借助检查、讨论等形式使之得到改进，跟踪式管理能够以其独特的及时性真正解决教师教学中的各种问题。

第一，跟踪管理能够降低管理成本。其原因在于能够及时了解教学状态，降低信息丢失和产生纠纷的风险，避免拖拉所造成的时间等的浪费。

第二，跟踪管理能够使教学处于良好运行状态。管理一方面提供教学条件，属于前期管理；另一方面也要保证教学条件良性运转，属于后期管理，跟踪管理就是这样一种必不可少的保证，它通过集中动态信息调控教学运行。

第三，跟踪管理能够提高教学质量。跟踪管理可以对教学流程的每个阶段提出具体要求，按照要求对教学实施质量进行监测是跟踪管理的重要组成部分，每项环节都必须严格按照原来所约定的内容和技术标准实施和验收，凡不符合要求的或原标准不适合的，必须通过程序进行修订，以保证所有环节的质量，这样整个教学过程的质量得以提高。

第四，跟踪管理能够提高解决问题的效率。也就是使问题解决得及时、彻底。

第五，实现跟踪管理可以设立问题—方案明细表。

第六，跟踪管理要注意人性化适度管理，避免冲突。跟踪管理会加重被管理者的负担，容易引起厌烦甚至造成矛盾冲突，这是管理应该极力避免的。管理的目的是提供秩序、提高效率，寻求平衡和发展，如果管理过度引起了人际关系的冲突，就会事与愿违，丧失了管理的意义和初衷，所以避免大规模的激烈冲突是管理的底线。适度管理即掌握管理的度、分寸，首先要了解事物本身的限度，在教学活动中，培训检查的时间频度和深度是其中的关键；其次摸索事物控制技巧，管理既要尽量缩小成员目标和组织目标的差距，又不可能完全消除这种差距，因此允许它的存在，在巨大和无的两个极端之间找到恰到好处，就是管理的一种艺术。

（四）发展性

管理是利益竞争和选择的过程，但对象性双向制设有各项培训制度，目的在于促进教师的发展，可以不与奖惩挂钩，所以与奖惩性制度相对应。奖惩性制度是把检查的结果和教师的切身利益如职称评定、荣誉称号等联系在一起，这种做法对督促教师会起到一定的作用，但也容易使教师有被动感、压力感，对象性双向制则更侧重于正面引导，因此说它具有发展性。

下面就发展性管理和奖惩性管理的背景、方式、利弊和各自的适用范围以及两者的辩证关系进行讨论。

发展性管理是以促进组织整体与其成员未来发展为要旨，管理目的、管理内容、管理方法和管理过程等均以发展为本的管理方式。它需要以发展为导向的决策原则、全体成员的激励性体制和合作性理念与政策支持，最终落实到学生的全面发展。这种管理方式适应社会发展大背景，以人为本，要求管理对象具有较高的觉悟、能够主动接受引导，而自制力差的管理对象更加适合奖惩式的管理。

奖惩性管理是肯定优秀者的正强化效应和鞭策落后者的负强化效应的统一，是改造被管理者行为以达到预期最佳状态的一种方式。奖励管理的正强化效应有激励效应，即通过对先进者的奖励来进一步调动其内在的积极性，还有榜样的示范共振效应，从而扩大奖励的效果；惩处管理的负强化效应有治病救人效应，即对错误进行惩处以抑制其错误、警醒其进步，还有保健效应，即通过惩处使被管理者看到正确与错误的界限。

奖惩性管理与发展性管理有着相同的目标，在这一点上，两者并不是不同的管理理念，所不同的是管理手段和内容上的差异。两者适用于不同的管理对象和场景，可以相互促进，不一定厚此薄彼，当前肯定发展性管理的言论越来越多，似乎奖惩性管理变得愚昧落后，这是一种误会，如果只有发展性管理，只强调正确优秀的一面而放弃对错误的惩治，就会导致消极的东西泛滥，相反如果只强调奖惩性管理，而忽视人们对表彰、认可的需求，人们的上进心将会熄灭。

对象性双向制的发展性绝不排斥奖惩性管理，必须看到两者相得益彰的关系，在管理方式和内容上两者同时并举才能收到好的管理效果。对象性双向制的发展性在哲学理念上一是反对"酱菜哲学"，这种理念支配下的培养方式不讲个性，不管什么样的材料统统变成了一色的酱菜。二是反对"标准化哲学"，它对教育对象统一标准，否则即为次品，武断地抹杀了个性。三是反对"塑造哲学"，它看不到学生的主体性，用事先的模子强行刻画。四是反对"马太哲学"的两极分化式管理。[1]

四　对象性双向制实现机制及程序设计

对象性双向制的实现机制多种多样，如利益相关者座谈会、问卷调查、访谈、综合各方利益和主张的制度规则等。这些实现机制同时也属于制衡机制，也就是说，利益综合性结果的形成仰仗于制衡机制。

程序设计即如何贯彻实施对象性双向制，核心是解决信息不对称问题，主要内容是：

（一）减少管理者和教师之间信息不对称的程序设计——信息公开制度

信息公开等于纳入第三方监督，是一条很好的降低信息不对称程度的途径，信息公开制度包括管理者对自身信息的公开和教师相关信息的公开。前者指对教师的各项要求、奖惩规定、督查制度、培训计划等；后者指教师备课情况、教学理念、教学方法、教学内容、教学进度计划、教学大纲、教学效果等。这样的信息公开制度有利于相互

---

[1]　韩志正：《教育理念的构思》，《北京成人教育》2001 年第 5 期。

监督，提高教学绩效，同时有利于学生监督强势集团管理者和教师之间可能的合谋行为如管理者对教师的祖护。

自由裁量权、较低的组织成本和信息租金可能使两者合谋，为了减少这种现象，许多高校已经实行网络登记公开制度，收到了很好第三方监督的效果。此外，案卷制度也值得引进试行，此项制度要求行政决定必须依据书面案卷规定，案卷之外的裁决由于没有依据而被视为无效。

（二）减少教师与学生之间信息不对称的程序设计——第三方审计教师信息和专家参与①

教师向学生讲明其教学信息，使学生明白如何对教师进行科学合理的评价，既是对学生负责，也是对教师自己负责。但教师与学生又是一对利益博弈关系，其信息可能向着自身利益扭曲变形，因此需要管理者这个第三方介入进行评价和确认。

专家以其特定的知识经验和信息参与决策制定体现了人们对决策理想化的要求。理性是一个技术的、科学的概念，作为反宗教的产物，它与神性对立，对确立人本主义、发展科学技术和推动人类进步起到了巨大的历史性作用，如今，由于在它支持下的发展使环境遭到破坏、资源面临匮乏和社会成员之间两极分化等原因，它越来越受到人们的谴责，但是，毕竟它是理解和评价事物的硬性指标，与主观性价值比较起来，它显得更加可信和可依赖，所以，它是不可替代的。教育专家在这里代表学生和学校的利益，在信息上可以与信息优势者教师平起平坐甚至超越于教师，可以在高层次上维护其委托人的利益，这是仅仅争取信息弱势者的参与所无法比拟的。

（三）促使教师与学生之间有效沟通的程序设计——听证制度

听证制度一般用于价格制定和社会事务行政决定方面，它召集利益相关者积极参与相关信息的披露、提出自己的主张、相互辩论等，最终确立一个体现不同集团利益的法规。在教学管理中借鉴这项制

① 刘大伟、唐要家：《管制的过程性：法经济学视角的一种解读》，《安徽大学法律评论》2008 年第 2 辑。

度，其做法可以是邀请学生、教师、社会利益相关者和管理者共同就教学的相关问题进行问答、质疑和提出建议等，其意义在于加强了各方的有效沟通、化解了私有信息可能造成的误解，最根本的是提高了教学质量。

第七章　私有信息的剩余性化解

——教研室团队建设

私有信息的过程性化解方式再及时，也难免疏漏，所以，还需要从最终的角度设计信息不对称后果的处理制度。私有信息的剩余性化解是一种对信息不对称无为而治的有效方法，既然分散化的真实信息难以收集，干脆就不去管它，教研室团队建设以剩余权为激励、内部相互制约相互促进，使私有信息主体自动去自我化解其信息不对称，既达到了管理的目的，又能够降低信息管理成本。当个人的工作信息不能被全面客观地观测监督的时候，集体性奖惩就是非常有效率的，高校教师都是高智商的人，但把一群聪明人引入组织以后，结果往往变成集体性愚蠢，他们冷漠于集体中的个体失职、不关心每个人的表现及其对自己的影响，使整个组织效率低下，而集体性奖惩就是用来治疗这一顽症的解药。

第一节　私有信息的剩余性化解理论基础

一　企业理论

企业理论帮助我们找到教学行为后果的承担者。

产权理论是现代企业理论的一个重要组成部分，代表性人物哈特和格罗斯曼认为，在现实世界中由于人的有限理性和客观条件的不断变化，契约是不完全的，那么就会在契约中产生一部分无法详细规定的权利，叫作剩余权利，它应该归资产的所有者所有，因为这种契约式安排是最有效率的，资产的所有者是企业的组织者，他负责组织和支付各要素的报酬，即所借贷的资金得到利息、雇用劳动得到工资、土地和设备得到租金等，他拥有企业的整体控制权，承担企业经营的最终结果，最有动力和压力去监督各个要素的效率，各要素的利益与企业整体利益是存在差异的，它们加入企业为的是自己的收益，而不是企业的收益，所以在运行中其行为可能偏离企业利益，所以监督是必要的，找到合适的监督人，企业这种经济组织形式才能有生命力，由此可见产权分配的重要性，这涉及组织生命攸关的效率问题。

学校也是一样，教学过程的运行同样会由于人的有限理性和客观条件的不断变化而出现契约的不完善，其中的剩余权利应有人担当，担当剩余权利的人必然会努力掌控教学过程，过程性管理也因此更有效率，最终实现教学质量提高的目标。教师的直接目标是名誉和收益，与学校提高教学质量大目标并不完全一致，所以能够找到一个享有剩余权的、具有强烈监督责任心的主体至关重要，我们找到的是教研室团队。

二　连带责任理论

连带责任理论为教研室团队建设提供实质性运作支持。

（一）连带责任的含义

从行政和司法管理实践看，连带责任是指为他人的不当行为所负的责任。这个"他人"其实并非完全无关，彼此可能是血缘关系、地缘关系、工作关系、事故关系，等等，这种关系既可能是平时已有的，也可能是临时形成的。

连带责任包括有限连带责任和无限连带责任。前者是指组织中的个人在一定责任范围内，如登记的出资数量以内，和其他连带责任人共同承担债务。后者是指组织中的个人在无责任范围限定的情况下，承担其他责任人的责任，如无限责任企业的某个投资人，除承担企业债务分到自己名下的份额外，还要承担企业其他投资人名下的债务份额，即其他投资人无力偿还其名下的债务份额时，这个人有义务代其偿还债务份额。

与连带责任相关概念还有不真正连带责任，不真正连带责任是指多个责任人基于不同的发生原因而对同一个权利人负有数个责任，他们以相同的给付为标的，如果一个债务人履行了责任，那么全体责任均归于消灭，此时数个责任人之间所负的责任即为不真正连带责任。例如，甲委托乙看管房产，乙在看管期间借给丙使用，丙借用时不小心损毁，这时，乙对甲的违约损害赔偿责任与丙对甲的侵权损害赔偿责任即构成不真正连带责任，在丙赔偿了甲的损失后，乙的责任也就没有了。不真正连带责任属于广义请求权竞合的一种，数个人对同一个人造成了损害，只要数个重合的侵权责任中有一个得以履行，受损害人的损害就得到了救济，受到损害的权力就得到了补偿、恢复，因此，不真正连带责任的受损害人只能选择相互重合的请求权中的一个行使，在该请求权行使之后，其他的请求权立即消灭。

教研室团队应该属于有限连带责任，教师彼此之间只能在教学工作范围内相互承担责任，不可能在其他社会法律或经济关系中承担责任。教研室团队不能设计成不真正连带责任，因为那样的制度不利于建立大家的责任心，如学生试卷丢失，可能是管理试卷的教师在管理环节的责任、考场上分发试卷的教师在分发环节的分错了班级、监考教师在监考环节没有发现前面的问题或阅卷教师在阅卷环节把学生的试卷放错了地方，最后学生试卷找到了，比如是阅卷教师的责任，按照不真正连带责任制度，其他人的责任也就不追究了，但是如果这样执行的话，其他人的责任心就难以因此加强，所以还是不能设计成这个制度。可见，无限连带责任对教师的压力太大，人在压力太大、无以担当时往往失去责任感，效果自然不好，而不真正连带责任制度压力又较小，也不利于教师的责任心，所以还是有限连带责任制度更好，它更容易执行、效果也会更显著。

（二）连带责任产生背景及其意义

这个标题下的内容是要探讨连带责任在什么情况下、要解决什么问题。

1. 连带责任产生的背景①

第一，信息分散且严重不对称。一般是信息分散、决策分散，但

————————

① 张维迎、邓峰：《信息、激励与连带责任——对中国古代连坐、保甲制度的法和经济学解释》，《中国社会科学》2003 年第 3 期。

在管理的场合却是信息分散、集中决策，而信息是决策的基础，难题就是这样产生的。管理者的管理需要信息基础，但被管理者的信息是分散的，而且管理者和被管理者之间呈信息不对称关系，收集信息成本很高甚至高到不可能收集其信息，管理效果的不确定性增强，只要信息是多变的，决策的结果就不是唯一的。而被管理者之间相互收集信息却要容易得多，这是因为信息的流动也具有层次特点，在同一层次中，信息流动的干扰因素较少，流动的速度和纯度也就较高，于是信息上的连坐制度——主要是相互告发，就成为管理者强迫被管理者信息收集的一种激励，严格来说，是一种负激励或压力，管理者由此提高了处理不确定性的能力，避免了低效或无效管理。

第二，行为结果的团体性特点。管理者要规范的是一种行为，但事实上，这种行为往往是多人参与共同所为，那么在管理规章里使他们相互制约就是具有针对性的明智之举。如官员举荐问题上，管理者不了解被推荐者的实际情况，举荐者难免假公济私，这种情况下就可实行连带责任制度，一旦事后管理者发现举荐失实，就可以同时制裁举荐者和被举荐者双方，保证以后的举荐做到实事求是。

第三，个人效用不同于团体效用。把个人效用和团体效用捆绑在一起可以提高个人效用，因为团体可以增进个体利益，从而也增强了管理力度。这是激励相容理论的应用。个人、组织和社会的偏好总是不一致的，具有博弈结构的组织要解决的关键问题就是通过一定的制度安排诱导人们努力工作，把人们的自利行为和互利行为有机结合起来，这种激励制度就是激励兼容机制，也没有激励效果，是一种制度优劣的评价标准，如果一个制度没有激励作用，它也就要衰竭了。总之，连带责任制度靠着"自己犯错，牺牲他人"的制度安排来取得自己的成效，就是利用了个人效用不同于团体效用这一客观事实。

第四，株连现象的客观存在。在社会经济生活中，人们之间在行为结果上相互株连现象比比皆是，如一个保险推销员欺骗投保者，人们就会用怀疑的眼光看待所有的保险推销员；一次不诚信的保险理赔就会破坏整个保险行业在人们心目中的形象；一个官员的腐化就让老百姓从内心疏远领导；一个教师的失范就使教师群体的威信受到影响，等等。连带责任制度只不过是把这种现象制度化、正式化，目的还是要通过人们的自我控制和互相监督来制约和减少株连行为。

2. 连带责任制度的意义

连带责任制度的发明起始于社会管理需要，所以其意义首先围绕管理的有效实现进行分析，当然在管理意义之外，也衍生出一些其他方面的价值。

第一，以分散管理实现集中管理，降低管理成本、提高管理效果。在连坐制下，人人自危，户户自保，彼此监督，人人执法，起到了分化瓦解的作用，采用这样的治理方式，政府所花成本也就小多了。政府直接管理受制于管理对象自主权和技术管理灵活性的需要，往往无法贯通全程，还容易产生一种政府官员的寻租行为，以牺牲整体利益的代价换得个人微小的利益。

第二，成员互助。连带责任制度把形式上的群体变成真正组织中的人，在此之前，虽然每个人也都在一定的群体或机构中，甚至彼此也有分工，但那是表面的，每个人仍然是一个个的原子，自由活动、其行为可能游离于组织或管理者的目标。在连带责任制度下，人们互相关注、彼此制约，他们既是责任共同体，也是利益共同体，规范、责任和利益融为一体，个人的原子化状态被实质性消除，先天的地缘、血缘和业缘等关系变得更加密不可分，成员之间只有互助才能避免集体处罚。这种互助既可能是互相隐瞒错误，也可能是互相提醒、避免错误，如果是这样，就提升了个体和组织效能。这种分析与上面的第一条的分析并不矛盾，是事物的两个方面，制度的效果如何，就看怎样引导了。

第三，促进民主，推动社会进步。古代连带责任制度下，政府得到举报往往不听当事人的辩护就对他采取制裁措施，如果一味这样过度实行，政府听风就是雨，冤屈百姓，百姓就会揭竿而起，以暴力与政府博弈，强硬地主张自己的权利，如此以扭曲的形式推动了社会民主进程。当前我国各种性质的机构中，事实上通行着一种不成文的行为模式——大都对上级而不对平级和下级，无论政府、企业、还是医院、学校，也无论是私营、还是公办，很少例外，因为上级掌握着影响一个人利益的重要权力和信息，这种状况对和谐工作是一种逆向机制，而连带责任制度把大家连在一起，可以大大改善人们之间的关系，因为猜忌、对立只能导致共输的结局，只有团结合作，才有个人和大家的利益，随着制度的推行，制度中的人们迟早会明白这一点的。当然，组织中也有责任心和道德水平低下的人，他不会自律，也不会去帮助他人，他根本就不在乎自己的行为给他人带来什么牵连，但是，长此以往，他作为害群之马就会遭到组织的排挤，无法生存，最终被赶出去或改邪归正。

（三）连带责任发展历史和现状

历史上，我国连带责任制度主要形式是基于血缘关系的连坐制和基于地缘关系的保甲制。秦国商鞅首次将连坐制度化，父子兄弟有二男劳力以上之家都必须分居，独立编户，按军事组织编制全国百姓，五家为伍，十家为什，不准擅自迁居，要相互监督检举，否则十家连坐。这样把农民牢牢束缚在土地上，政府直接控制全国劳动力，保证了赋税收入和徭役、兵役政策的落实。统治者和被统治者漫长的生死较量，直至 1905 年清朝正式宣布废除连坐制。

保甲制正式确立于宋代，最初专为维护社会治安而设，主要完成在乡村的社会控制功能，明朝后期也用于城市管理，满洲人从 1644 年到 1646 年实行总甲制，十户为一甲，立一甲长，百户立一总甲长，颁布"邻保检察法"，意在捕获盗贼、逃犯和奸人，若知而不告则严惩不贷，这样清朝得以及时查治反抗者、将民众束缚一地、牢牢控制了人口。国民党也曾对城乡居民采用保甲制进行基层统治，20 世纪 30 年代以户为单位，十户编为一甲，设甲长；十甲编为一保，设保长，在保甲制度下各户互相监视告发，实行连坐制，还强迫劳动和抓壮丁。新中国成立后，各地保甲制逐步被废除。

当代连带责任制度及其现象仍然广泛存在，或作为管理制度实行，如组织部门推举干部时，推举者要为被推举者的表现负责；银行贷款时，负责贷款者也要负责款项的使用和收回；出租屋管理中，房客要与房主签订安全、防火及计划生育等协议，并经主管部门检查后方可入住；冬天居民取暖连坐制，即少数几户交不上费用，大家都得挨冻；保险市场上，营销员若骗取保费逃跑，由其上级管理者负责赔偿；限制迁居的户口制度，等等，不胜枚举。或作为一种客观结果而扩散，如地方声誉对其成员个体就业的影响。

作为一种苛刻的责任承担方式，连带责任历史如此悠久、在当代实践中应用如此广泛，其存在基础显然值得深入研究，存在基础的明晰化有利于深化其中的价值认知、实践意义、制度选择和判断其发展趋势。其原因在于它产生的初始性要素仍然存在，如上述"背景"所述，同时也说明了社会进步的艰难与缓慢，人们对一项制度的接纳不只是认知的问题，还有情感和利益的制约。今天大量的连带现象既有合理的制度设计，也有不适宜的顽固，需具体分析，不能一概肯定或否定。

基于这些原因，所以，现代社会虽然主要通行的是个人责任，但也不能完全排除连带责任。

（四）古代与现代连带责任比较

古代与现代社会均有连带责任制度，但是，随着技术的进步和社会变迁，两者在拥有相同之处的同时，又有若干区别，明确其异同，对今天科学运用这项制度具有现实意义。

其相同点有：

（1）都存在声誉株连。在古代一个人的错误是其家族和家乡的耻辱，今天一类商品中的部分次品可能导致全部商品失去市场，这是人们本身固有的联想、谨慎心理造成的，无法随时代变迁而消除。

（2）都要讲究连带责任范围的适度。古代五家为伍，十家为什，今天或以一个车间为单位，或以一个教研室为单位，都考虑了连带责任的范围；范围太大，组织成本高、每个人的努力与结果之间的链条拉长，就会出现"搭便车"的低效率现象；相反，范围太小，将伴随合谋政府的高风险。

（3）都把群体内的个人行为与群体利益相联系。这是连带责任制度的基本要点。

（4）都要注意株连适度。如果对隐瞒信息者处罚过重，不仅达不到控制目的，反而会"官逼民反"，集体叛乱。

社会变迁沧海桑田，从封建专权到和谐社会，其不同点因此很多，主要有：

（1）基础不同。古代是血缘关系、地缘关系和固定的身份关系等，连带责任者基本完全一生厮守；现代是源于社会分工的契约关系，连带责任者流动频繁。

（2）信息鉴别不同。古代独裁政府对信息的利用比较武断，现代民主社会更加注重考证信息的真实性，对当事人更加负责。

（3）意义不同。现代社会分工合作比古代更为广泛，连带责任推行的意义具有政治经济文化和社会的全面性，而古代主要是政治统治意义。

（4）功能不同。古代主要是连带惩罚，会恶化人际关系；现代是奖惩并举，加强了个体间的协作。

（五）教研室团队连带责任制度对相关学科的借鉴

1. 对法学的借鉴

教研室团队连带责任是指负有教学责任的教研室各教学主体承担因团队成员的不当职务行为而产生的责任。它把团结合作的道德要求制度化了。提到连带责任，不能不谈论有关法律，它是法律的重要组成部分，但两者又不完全一样。

法律规定了五种代理连带责任，即授权不明代理、转托不明代理、代理人和第三人串通代理、无权代理及违法代理的连带责任。其中前两种为有效代理，属于主从型连带责任，其责任有顺序先后之分；后三种为无效代理，为并列型连带责任，其责任无顺序先后之别。教研室团队连带责任应该属于主从型连带责任，一旦事故发生，直接事故责任人和教研室主任负主要责任，其他人负次要责任，这点与"被代理人是主责任人，代理人是从责任人"的法律规定相一致。

法律规定从责任人承担责任后，可以向主责任人追偿，也就是说这种连带责任对外存在责任顺序，但对内不存在责任分担问题，主责任人必须承担终局责任。但行政上的连带责任不能够规定"追偿"，因为：第一，将起不到实质性的教师互相制约的作用。教研室团队连带责任的出发点是通过责权共担实现教学上的相互提示和勉励，化解个人私有信息，如果某个成员犯了错误或得了奖励，学校对他进行奖惩后，其他人不受任何牵连或得到任何利益，那以后还有谁愿意对他人费神去提示和鼓励，团队建设将失去意义。第二，法律规定"追偿"有其特殊理由。①法律上的代理效果，包括义务和责任、权力和利益。如果让代理人承担终局责任或与被代理人分担责任，就会造成代理人只履行义务而不享有权利，这有悖于权利义务相一致原则，对代理人是不公平的。但教研室团队建设中直接事故责任人和教研室主任并不担当责权利的全部后果，理由如第一条所述。②法律上的委托书是被代理人自己制作的，授权行为是单方面的法律行为，授权不明的责任在于被代理人，所以本着文责自负的原则，被代理人应该承担终局责任。但教研室团队建设中的奖惩条款应该是大家共同制定的一种契约，谈不上文责自负的问题。③立法对委托书授权不明规定连带责任，是为了维护代理制度的信用和第三人利益、保护交易安全，主旨不是要代理人承担终局责任。但教研室团队建设的主旨恰恰是要每个教师都负起对学生和管理部门私有信息的化解责任。④司法上虽然规定被代理人承担终局责任，但代理人其实要冒向被代理人追偿不能之风险，他仍有"不利"，这也可看作是代理人对自己过错承担责任的一种方式。但教研室团队若由次责任人即直接事故责任人和教研室主任之外的教师要求追偿权利，如被学校罚没的奖金由直接事故责任人和教研室主任补偿回来，则一般能够办到，因为被追偿者有此经济能力，也易于执行，如从其他允许的收入中扣除。这样，次责任人将没有任何实际损失，团队建设名存实亡。

民法中连带责任有主体的多数性、关系的牵连性、归责的法定性以及责任的财产性等特征，教研室团队建设也不一定照抄照搬，如前两个特征可以沿用，后两个就不必使用，因为责任主要是行政性质的，而不是法律性质的，责任除财产性外，还有荣誉性的、政治性的，等等。

2. 不同学科如何相互借鉴

上述教研室团队连带责任对法学借鉴的讨论使人想起不同学科如何相互借鉴的问题，一个学科的研究在方法、概念和理论上借鉴其他学科，会拓宽眼界，使自己得到丰富和发展，但同时也容易出现学科裂变，流派纷争，不利于达成共识，到底应如何整合各种知识资源呢？最根本的应该是有利于问题的和平解决。

除上述讨论以外，以下案例也有助于说明问题。两个邻居都丢失了猪，只有一头被找回，都说这头猪是自己家的，各不相让，到了法院建议给猪做亲子鉴定，费用比猪的价钱还高，专家评论说这种建议违背了经济学成本收益原则。其实两家在乎的既不是科学的准确性，也不是成本收益的高低，他们真正计较的是"面子"，当事人的流动性较差，在农村彼此相熟、名声极其重要。鉴于此，就不适合借助于科学手段，因为无论亲子鉴定的结论支持哪一家，总有一家在科学结论面前显得先前的争论是"无理取闹"，总有一家要丢掉面子，很容易因此而世代为仇；经济学分析也没有看透事情的本质，在重大的面子面前哪里还有成本收益的算计。这是一场法学、生物学、经济学和社会学相互借鉴的大失败，它违背了解决问题的和谐原则，与其如此，倒不如各打五十大板，要猪的拿出猪的一半市价，要钱的出让猪。这种判决不是不要原则，在这个案件中，所谓的科学性、经济学等原则并不利于问题的真正解决，还会引起不和的后患。可见，各学科的相互借鉴确有一个更高的原则需要探讨。

三　合谋理论

在分工社会里委托—代理关系广泛存在，如学校管理者和教研室之间，教师和教研室之间，有委托—代理关系就有利益的合作和分歧，合谋和反合谋就是其中的一种典型形式，利用合谋理论对连带责任制度的设计和说明大有裨益。合谋最初用于分析市场关系，如独立的企业之间联合起来共同谋求消费者利益或社会利益，或用于分析市场组织内部的关系，如股份公司中董事会与经理合谋，侵犯股东阶层的利益；我们可以把这一分析方法扩展到非市场范围，服务于组织内部的管理。

从市场经济角度看，合谋是指市场主体凭借其经济优势，采取串通形式，排斥或限制市场竞争而形成的寡头垄断和联合垄断的经济现象。[1] 我们可以把合谋界定为委托人、代理人为追求不正当利益而联合起来进行某些违规活动。合谋是过度竞争的反面，都是组织正常运行的破坏性的、需要制约的因素。就合谋与委托—代理关系看，合谋产生于多层委托—代理关系中，或一层委托—代理关系、但包含多个代理人场合。一层的、单一委托人或代理人的委托—代理关系，还有一层委托—代理关系但包含多个委托人的场合一般不会产生合谋问题，在那里要解决的主要问题是委托人如何激励代理人的问题，以及一旦代理人损害委托人的利益如何处理的问题。有合谋场合的合谋主体包括：①代理人之间。存在于一层委托—代理关系但包含多个代理人的场合。如学校是单一的委托人主体，但教师作为代理人有多个，他们在组织规模适当时可能联合谋求委托人利益。②委托人和代理人之间。存在于多层委托—代理关系中，如股份公司与会计师事务所合谋，它们之间本来是一对委托—代理关系，但由于在它们之外还有公司和股东之间、大股东和经理之间、大股东和小股东之间、董事会和经理层之间等委托—代理关系，即还存在其他利益空间，所以就出现了奇特的利益对立与异化关系之间的合谋问题。

维持合谋的契约设计是合谋理论的重要组成部分。保证各厂商进行合作关键是找到一种自我监控机制。垄断组织内的单个厂商为了自己的利益有时需要和其他厂商联盟，这样可以取得低产量、高价位等好处，这样做时它们集体谋求的是社会利益的损失；有时又妄图谋求自己单个的利益，不能和其他厂商合作，如降低价格获更高的销售量和市场占有率，这时他谋求的是其他厂商的利益，这种不合作行为直接威胁到整个垄断组织的生存，所以寻找维持合谋的机制就是非常重要的课题了。

冷酷战略是弗里德曼发现的一个有效的自我监控机制。冷酷战略即给予违约者开除垄断组织的惩处。

格林等认为垄断组织内的各个厂商之间既相互依存，又互相斗

---

①　冯中越、赵楠：《合谋理论与城市环卫设施特许经营权拍卖中的合谋问题研究》，《深圳大学学报》（人文社会科学版）2008 年第 1 期。

争，合谋和价格战交替发生。

违约利益的大小也是合谋能否维持的一个决定因素，如果市场需求很大，一个厂商率先打破垄断组织的规定肯定能够得到比遵守规定更大的利益。

契约设计以行为结果为奖惩条件还是以过程表现为奖惩条件，也是制约合谋行为的一个因素。

合谋类型可以从多个角度进行划分，按合谋关系的不同，可以将合谋划分为平行合谋即进行合谋的代理人之间在地位上是平等的，垂直合谋即进行合谋的代理人之间存在着等级上的控制与被控制关系；按合谋可观察程度的不同，可以将合谋分为公开合谋即合谋行为可以直接观察，隐蔽合谋即合谋行为在暗地里进行。教师之间若产生合谋，应属于横向平行性的隐蔽合谋。

以上这些合谋理论对于理解后面连带责任制度的条款设计和执行效果具有直接的指导作用。

第二节　教研室团队建设的总体思路

高校专业教研室在实际运行中并没有充分发挥其在提高教学质量中本应该具有的突出作用，所以要给予教研室团队建设格外的关注，并依据自己的研究强调这是一种博弈论指导下的制度创新，制度的具体内容包括机制设计和协同进化的目的等。其中的双层博弈模型有教师之间的、教师和教研室之间的和各教研室团队之间的。

一　高校专业教研室在提高教学质量中的作用

未来各国竞争是人才的竞争，人才的竞争归根结底是各国教育的竞争，教育的发展关乎中国的未来。在全球化的时代，各类要素在全球流动，高校生源也不例外，越来越多的学生选择去国外读大学就是明证。以往中国的年轻人习惯大学毕业后出国深造，现在更多的人开始从高中甚至是初中开始就选择出国留学，留学低龄化成为新特点。美国国际教育协会2011年底公布的《门户开放报告》显示，2010—

2011 学年，在美留学的中国学生达 15.76 万人，其中赴美攻读本科的学生占 36.5%。2006 年中国仅有 65 名赴美中学生，2011 年赴美中学生人数增长 100 多倍，达到 6725 人。2010 年中国出国留学生中，高中及以下学历学生占 19.8%，而 2011 年中国仅高中生出境学习人数就占中国总留学人数的 22.6%。[①] 留学生的低龄化对中国高等教育生源产生重大冲击，值得高等学校高度关注和深思。

高等学校教研室不仅是高等学校进行教学和学术研究的基层组织形式，也是联系专业教师之间以及专业教师与学生之间的重要纽带，更是全面培养学生素质，提高教学质量的重要保障。然而由于各种原因，高校专业教研室在学校发展中的作用未能充分发挥出来。这不仅会影响学校人才培养的质量，甚至会影响到高等学校的生存和可持续发展。因此，本课题对高校专业教研室的功能定位、目前功能发挥存在的问题、原因及解决对策进行了系统分析。

（一）高校专业教研室的传统功能定位

教研室始于 19 世纪上半叶俄国，后被苏联沿用并颁布《高等学校教研室条例》。1951 年我国高等院校进行全面调整时，学习苏联模式建立教研室，由课程相近的教师组成，作为教学研究的基本单位。我国高等院教研室是院（系）一级根据机构内部不同学科、专业而设立的，它是学校教研活动、教学与科研管理的最基层组织，担负着全校第一线的具体工作。

1. 教研室履行教学研究的职能

教研室往往定期组织教师进行业务学习，对大家最困惑和急需解决的问题组织专题讨论；组织教师听专家学者的讲座，开阔视野，把握本学科国内外的学术发展动态，了解本学科最前沿的理论研究；组织教师与兄弟院校进行交流，或在校内互相听课、评课，取长补短，共同提高；组织教师开展各项教学改革。从而最终起到保障教学活动正常运行，提高教学效果的作用。

---

① 张冬冬：《中国成全球最大留学生输出国　超六成滞留海外》，中国新闻网，ht-tp：//www.chinanews.com/lxsh/2012/09 - 17/4188846.shtml 2012 - 09 - 17。

2. 高等学校教研室是学术研究的重要平台

同一教研室的专业教师学术背景和研究领域较为一致，但是具体关注和擅长的领域又有所不同，所以可以通过沟通、交流和合作，形成学术研究团队，更好地进行科学研究，为学校和专业发展提供智力支持。教研室定期开展的学术交流活动，对于教师学术能力的培养和提高大有帮助。教学出题，科研求解。教学和科研功能是高校教研室最传统的功能。

（二）专业教研室功能发挥不足的表现

传统上高校教研室承担着教学和科研的功能。在传统教学环境下，教研室往往主要关注和介入教学环节。但是随着时代的变迁，教研室的功能定位已明显不能适应现代高等教育发展的需要。高校学生招生、就业以及网络时代国内高校受到国外高等学校的冲击等因素致使高校教研室功能发挥必须突破原有的功能定位的局限和功能不足的现状。目前高校教研室功能发挥不足主要表现在以下五个方面。

1. 高校专业教研室作为教师之间教学及教学研究的载体功能不突出

首先，随着通信技术的发展，年轻学生借助各类媒介掌握的信息也越来越多，这对教师教学构成的巨大的挑战和压力。教师需要及时掌握各类信息，并进行甄别和深入思考，以应对学生不断提高的求知欲望。因此以教研室为基础的教师教学及教学研究组织作用突出出来。教师们通过教学研讨、互相切磋可以增加信息量。从而提高教师的教学和科研水平。

其次，教研室中教师往往是老、中、青相结合，通过交流可以起到传、帮、带的作用，提高年轻教师的讲课水平和教学质量。

最后，通过教研室活动的开展可以优化专业的教学体系。目前，在专业教育方面，教材编写呈现出百花齐放的局面，因此会出现课程之间存在着内容重叠或内容之间衔接较差的现象。通过研讨，教师可以掌握学生前置课程与后置课程开设和讲授情况，从而避免出现同一知识、理论反复讲授和有的内容哪位老师都不讲的尴尬局面，形成完整、鲜活、新鲜的课程体系，提高学生的学习兴趣和学习积极性。高校教研室在实际运行中存在着不活跃的现象，主要表现在教研室教研活动很少，作为联系教师之间、师生之间的重要纽带，缺乏将教师紧密联系起来的载体。

2. 专业教研室在促进专业发展方面的功能有待提升

随着教育国际化程度的加深，中国出国留学人数已占全球总数的14%，位居世界第一。越来越多的应届高中毕业生出国读本科，直接出国读中学的人数也大幅增长。[①] 与此同时，国外名校通过网络公开课等形式对国内学子施加影响，挤占着中国高等教育的发展空间。凡此种种致使国内高校存在着严重的生存和发展压力。

目前，教研室执行较多事务性、常规性工作，如排课、出试卷、监考和判卷等，而对实质性的问题，如教学内容、手段、效果、教学改革、专业发展、学科建设等重视不够，相应的理论研究也是缺乏的。传统教育体制下，国内高校学生的招生、就业与专业教师之间的关系似乎不大。专业教师往往有课就来，没课就走，事不关己，高高挂起。随着时代的发展和变迁，高等学校生源高枕无忧的时代即将终结。此外，随着高校改革的推进，有的高校把学生入学后转专业的比率提高到50%以上，还规定流转后班级人数不低于20人。对连续3年无法组班的专业，学校将予以停办或撤销。学生当然会倾向于选择较好就业、实用性较强的专业，因此一些长线专业或内容较虚的专业将会首当其冲地受到重大冲击。专业的生死存亡直接关系到教师的切身利益。因此专业教研室功能定位绝不应该仅仅是介入学生培养中的教学环节，而应该深入参与、追踪教学的整个过程，为专业的发展出谋划策，为学生的未来进行规划。

3. 专业教研室在推进教学改革中的地位不突出

随着高校教学改革的推进，传统上专业教师各自为政、散兵游勇，为评职称而绞尽脑汁的局面将不能适应改革的要求。无论是进行国家或省级本科质量工程的建设、教学范式的改革，还是网络课堂、

---

① 新华社：《我国留学生人数居世界第一　九成靠自费》，扬子晚报网络版，http：//news. xinhuanet. com/politics/2012－10/07/c_ 123790934. htm2012－10－07。

网络公开课的建设仅仅依靠一位老师自己的努力远远不够，都需要一个群体和一个团队的支持、配合和努力才能完成。

目前，教研室从事的事务性工作较多，教研室在教师队伍建设、课程建设、教学督导、评价等方面作用的发挥还有待加强。教研室的常规性工作固然重要，但今后若真正落实教学质量问题和推进教学工程的改革，还必须突出教研室的地位作用。

4. 专业教研室在推进教师进行学术研究方面的作用不足

教学、科研在高等学校关系密不可分，好比一个硬币的两个面。教学与科研既不相互矛盾，也不能相互代替，没有科研的教学是不完整的教学，没有教学的科研不是高等学校中的科研。因此，必须加强教学科研的联系，在科学研究中开展教学活动，教学出题，科研求解，以科研成果支持教学改革。目前，教研室在推进教师进行学术研究方面能力明显不足。教师在科学研究方面往往更多从自己的兴趣和专业背景出发，而不是从专业角度和学科长远发展的角度进行相关领域的研究，因此，不能有效地突出专业特色和形成稳定的研究方向，不利于专业和学科的长足发展。

5. 专业教研室功能作用不能适应新媒体时代的挑战

以互联网和手机上网为平台的新媒体蓬勃发展，青年学生血气方刚，接受新鲜事物的速度特别快，成为新媒体使用者中最活跃的群体。大学生上网已经成为他们的一种生活和学习方式。网络时代的海量信息及新鲜的资讯使大学生眼界开阔，从而做到"秀才不出门，便知天下事"。学生信息量的增大对传统课堂教学，尤其是人文社科类课程教学构成重大压力。新媒体在高等学校教学中的应用，促使传统教学产生一系列变革，进而对高校教研室的传统定位产生影响。目前以实体教研室为主体的高校教研室功能的定位和发挥难以适应网络时代的要求。

首先，新兴媒体的发展和使用要求高校教学必须由传授知识向能力培养转变。一个学校好坏不在于它所使用的教材，也不在学生获取了多少信息量，而在于能否引导学生在学习过程中掌握学习知识的主要方法。新媒体时代，信息量呈爆炸式增长，知识更新换代的速度加快，以往需要记忆的大量知识，以及通过检索书报刊才能获取的信息，如今通过网络唾手可得。教学环境的变化促使高校教学必须由单纯传授知识向如何学习，如何获取有用信息、筛选信息、使用信息等方式转变，从而达到培养学生发现问题、分析问题、解决问题能力的目的，即由"授人以鱼"转变为"授人以渔"。

其次，世界名校网络公开课在国内走红也对国内高等教育网络化水平的提高构成巨大压力和动力。互联网的发展与普及不断挤压中国高等教育的发展空间。2010年春季，哈佛大学首开世界网络公开课，此后耶鲁大学、牛津大学、普林斯顿大学、麻省理工学院等50余所世界一流大学也开始推行网络公开课。网络公开课涵盖自然科学和人文社会科学诸多领域。越来越流行的世界名校网络公开课对我国高等教育产生了不小影响，它不仅会影响教学理念、教育模式和教学内容，也会改变学生的学习态度、学习方式和学习内容，从而挤压中国高等教育的发展空间。目前，教育部和我国国内一些名校也开始进行网络公开课建设。但是我国网络公开课的影响力与世界名校网络公开课的影响力还有相当差距。因此，以教研室为基础进行网络公开课建设以及网络课堂建设非常必要。

（三）高校专业教研室功能发挥不足的原因分析

高等学校专业教研室是高校全面提高教学质量，实现学校及相关专业长足发展的重要组织保障。当然，高等学校专业教研室功能的发挥是一个系统功能，导致教研室功能发挥不充分的原因也是多元的。

1. 高校行政化的管理理念制约着教研室功能的发挥

去行政化一直是高校改革的热点和难点。大学中的科层制现象比较突出，40位教授竞争一个处长职位的现象并不鲜见。学校办成衙门是高等教育的悲哀和悲剧所在。在人人争相跑官要官的高校，不可能有学术的发展和大师的产生。这种现象的深层次原因在于一线教师不被尊重，学术与权力的紧密联姻导致一线教师心理失衡。2013年，网上疯传的重庆工商大学一线教师因对绩效考核不满停课罢工的信息也绝不是空穴来风，而是高等学校行政管理人员与专业技术人员之间矛盾的升级，更是高等学校行政化现象的突出表现。高校管理部门是高校政策的制定者，往往以管理者的姿态自居。在关于学校教职工待遇政策的制定方面掌握话语权。现实生活中每个人都是理性的逐利人，政策的制定者往往更多地从自身利益的角度来制定政策。一线教师由于无职无权难受尊重，利益也很难得到保障，因此对学校的发展也抱着"事不关己，高高挂起"的心态。高校专业教研室往往呈现出教研室主任独自唱独角戏的孤寂场面，教研室门庭冷落、无人光顾的局面也就在所难免。

2. 高校专业教研室办公环境制约其功能的发挥

高校教研室，尤其是地方院校的教研室办公条件非常简陋。很多学校教研室只有一间屋子。有的教研室甚至没有独立办公室，而必须和行政人员，如辅导员等行政人员合用一间办公室，实际上等于没有办公室，可谓有其名而无其实。每个教研室可能有一台电脑，但多数是老得掉牙，更新换代很慢，配置低上网慢，没法使用。行政办公室一般都有空调，教研室则只有电扇。皮之不存，毛将焉附。环境既然如此，当然很少有人光顾了。

3. 教研室相关管理制度不完备或难以落实直接影响教研室功能发挥

制度的完善和充分落实是教研室定位和功能发挥的重要保障。目前，很多学校对教研室功能及作用规范方面的文件较少，有的虽然制定了相关文件，但是要真正执行却很难。高校中现在权力主要集中在学校及学院，教研室的地位被忽视。教研室主任对年终考核、教学优秀奖等评优项目无话语权，一定程度抑制了基层自主发展的能力。一方面院（系）层面工作太多、太忙；另一方面教研室内部无事可做，教研室工作没有得到真正落实。因此，有关教研室管理方面、功能定位以及制度保障方面的规章制度的制定有待完善和探索。

4. 高校专业教研室主任能力发挥不足

教研室主任不属于行政职务，教研室主任不仅是教研室日常活动的组织者，也是人才培养计划、教学任务、教学改革等各项措施的具体落实者。因此，教研室主任的能力也直接影响教研室功能的发挥。目前，高等学校教研室主任基本上是终身制，没有任期、没有年龄限制，往往可以干到退休。由于缺少相应的考核和激励机制，因此教研室主任干好干坏都一样。一些教研室主任由于精力和能力限制，不能很好整合和凝聚教研室的力量。教研室在实际运行中呈现一盘散沙的局面，难以有效形成合力，因而也难以实现亚里士多德所说的："整体大于部分之和"的效果。

5. 高校专业教研室功能不能适应网络时代的要求

在传统教学中教师是主体，课堂是知识传授的主要场所，教材是教学的主要内容。新兴媒体的发展要求教学方式、教学理念、教学内容不断更新，以适应网络时代的要求。在新媒体时代，要求课堂空间延展，教师不断扩充和更新教学信息、充分开阔学生的视野、教学手段更加灵活多样。教育管理部门和高校纷纷出台相关政策鼓励教师建立网络课堂，推出网络公开课，进行教学范式改革，进行微课大赛等多种教学平台和教改举措。如在河北经贸大学教师可以将相关资料挂到网络课堂，学生也可利用小组空间和互动版块进行学习和科学研究交流并与教师有效互动。但是，总体来说，目前无论是从观念，还是从设备等各方面，教研室在组织教师参与虚拟课堂建设、网络公开课建设方面的作用还不突出，还无法很好地回应网络时代的挑战。

（四）提升高校专业教研室功能的对策

就教研室基层组织制度而言，其主要职能是围绕本科生教育开展教学及教学研究活动，这种组织形式在完成本科生教育任务的诸多方面发挥着重要作用。但是，随着我国高等教育的改革和发展，一批基础较好，质量较高的大学功能发生了深刻的变化，逐步形成了集人才培养、科学研究、社会服务为一体的功能格局，办学功能的变化不仅促进培养质量和学术水平的迅速提升，而且也加快了这些学校向高水平大学的转型。在这种情形下，原来以教学研究为主要职能的教研室制，从学科建设、学位点建设以及自主创新能力提升等层面来看，已不能适应现代大学办学要求。因此，教研室的管理机制亟待创新。高校专业教研室功能的有效提升直接关系到专业、学科，乃至高等学校发展的未来，因此有必要从学校治校理念、专业教研室功能定位、教研室硬件设施建设、规章制度完善、教研室管理创新等方面为专业教研室功能提升提供全方位的支持。

1. 转变观念，正确认识教师和教研室在学校发展中的作用

高等学校应从思想上充分认识到专业教师是一个学校真正的核心资源和竞争力源泉，这也是以人为本的教育管理思想的精髓所在。曾任清华大学校长的梅贻琦先生曾说："所谓大学者，非谓有大楼之谓也，有大师之谓也。"这句话精辟地阐释了高校以教师为本的价值取向。清华大学也流传着一句话："学生是老虎，教授是神仙，校长是条狗。"因此，在高等学校管理中切忌将大学办成衙门，要把教师视为能动的主体而非被动接受管理的客体。应采取切实措施保障教师的切身利益，给予教师充分发挥自身潜力的条件和机会。要依靠教师办学、教授治校，使教师由被动管理转向自主管理，激发教师的工作热情和责任感。突出教研室在教学管理中的重要地位，重视对教研室建设和发展的研究。校、院（系）领导除了积极解决教研室图书资料、办公设施不足等困难外，还应带头按自己授课情况以普通教师的身份到所在教研室参加教研活动，带头业务学习、带头搞课题研究、带头上教改试验课、带头总结交流教学经验。

2. 增强教研室设施建设，为教师提供良好的办公环境

良好的办公环境是教研室活动开展的前提和保障。因此，从学校和学院两个层次，应加大对教研室的资金投入和设备更新。有些学校比如中国人民大学，教授都有自己专门的办公室。有的学校则能给每位老师配备一个办公桌和电脑。因此，建议高等学校应该为教研室及教师提供单独的办公经费和相关设施，为教师教学、科研活动的开展提供较为宽松和舒适的环境。

3. 在正确定位高校专业教研室地位基础上完善和充分落实各项措施

在强调发挥教研室作用的同时，必须明确发挥教研室作用的根本在于强调高校对专业技术人员作为高等学校重要发展主体地位的肯定。强调发挥教研室的作用不是要强化教研室主任的行政管理职能，而是强调发挥其联系、组织、协调、整合教研室所有资源的作用。教研室的管理不应该是管理式的，而应该是协商式的，强调通过教师民主讨论来管理教研室的事务，为专业发展提供强有力的支持。教研室

主任则起到召集教师、集中和反应教师意见的作用。

　　没有规矩，不成方圆。用制度管理教研室，用制度规范人的行为，制定详细的教研室工作制度、教研室主任工作职责、教师教学规范制度、听课制度、教学科研制度、社会服务与调查制度。加强教研室文档建设，注意规章制度、教学文件资料（含音像资料）、师生作品（如自编教材、优秀教案、优秀学生作品）的收集、整理。真正保障教研室在年终评优、绩效考核、教学优秀奖以及教师招聘等活动的参与与话语权。

　　4. 创新高校专业教研室管理机制

　　首先，打破教研室主任终身制，实行任期制，建立完善的教研室主任考核和激励机制。使能者上，庸者下，把优秀的、年富力强的教师及时充实到教研室主任的岗位上，同时对教研室主任进行绩效考核，鼓励先进，鞭笞落后，提高其工作的积极性。提升教研室在教学、科研、实习基地建设、本科质量工程建设、教学范式改革等方面作用的发挥。

　　其次，鼓励教研室成立相关产学研研究机构，参与社会服务。高等学校只有努力提升毕业生的就业能力，不断增强学生的就业竞争力才能生存发展。目前，各高校都已成立专门的就业指导部门，但是各学科专业的情况迥异，因此，高等学校应把专业课程设置与大学生职业发展及其培训结合起来，并为学生提供相关训练，包括择业、面试、人际关系、团队精神等。为了做到产学研相结合，应鼓励教研室或教师成立相关研究机构，以研究机构为载体，积极参与社会服务。同时建立稳定的实习基地，为学生就业提供指导和条件，从而树立良好社会美誉度，增强专业品牌的影响力。

　　5. 加强高校虚拟教研室建设

　　首先，整合各种网络平台，加强虚拟教研室建设。现代高等教育非常重视对学生学习前沿知识的引导，非常重视采用现代多媒体教育手段，因此对教师的教学也提出了更高的要求。随着网络时代的到来和发展，要求教师更多地利用现代教育技术，提供更多的多媒体教学资源，为学生的自主学习进行引导和指导。这在某种意义上是一种开放教育。开放教育要求教师由传统的单兵作战的工作方式转变为集体合作的工作方式，不合作，单凭教师个人的力量很难满足学生要求大量学习资源需求和学科前沿知识需求。因此，开放教育呼唤教师间的合作和交流，需要一个交流合作平台。这个平台就是虚拟教研室。因而有必要建立统一的虚拟教研室平台，把网络课堂、精品课程等网络学习平台统一放在虚拟教研室平台下，避免网络资源的分散和重复建设。

其次，为虚拟教研室配备专门的管理员，为教师配备学生助教。发挥教研室作用的关键在于充分发挥发挥教师的积极性和创造性。因此，建议学校从制度和资金层面，支持虚拟教研室配备优秀本科生担任管理员，协助教师做好课程辅导、网络课堂建设、学生论文写作等工作。课堂教学从来就是教和学两个方面的内容。单纯的授课不能充分发挥学生学习的积极性，同时专职教师与学生联系很少，往往上课来，下课走，和学生感情也比较疏离。因此，通过建立学生助教制度，可加强学生与教师的互动，及时了解学生所思所想，了解学生思想动向，引导学生情绪，在学习和生活方面给学生以支持和帮助，建立和谐的师生关系。

党的十八大报告强调指出："要办好人民满意的教育"，同时提出，"推动高等教育实现内涵式发展"的高等学校发展目标。中国高等教育的发展直接关系到祖国的未来和中华民族文化的传承与发展。因此，充分发挥专业教师的聪明才智，并不断提升专业教研室功能，才能增强文化自觉与自信，早日实现中国梦。

二 教研室连带责任设计原则

这里的设计即安排教研室及其成员应承担哪些连带责任，其中原则是：

（一）奖惩对称原则

即不只在处罚上实行，要奖惩并举。连带责任的主要形式连坐和保甲原来的意义是，一人犯罪招致与其有一定关系的人也受牵连而被认为有罪，即使有奖励，奖励的也是对违法犯罪的告发，今天我们利用连带责任形式进行管理应在并罚的同时注重奖励相关者的成绩，一个成员或少数成员受罚，他人和教研室要跟着受罚，那么，一个或少数成员受奖励，他人和教研室也要跟着得奖，这样连带性惩罚和连带性奖励并举才能体现时代进步，以前的目的是统治，我们现在的目的是民主解决问题。一个好的奖惩制度实行的是奖惩分明对称、公平公正和程度适宜，人性化程度高的奖惩制度奖多惩少，中等者奖惩相当，下等者惩多奖少。

奖惩对称是指有奖励，也有惩罚，该奖励则奖励、该惩罚则惩罚，而不是指奖惩一样，但过多的奖或过多的惩也不属于奖惩对称，其管理有效性在于它有理论依据，从心理学上讲，它使人产生组织公平感，而公平感直接影响组织成员的行为，会增加其积极性行为。奖惩对称还能够避免单纯奖或惩所引起的边际效用递减；在经济学上，边际效用递减是指消费者在消费某一种商品的过程中，其满足感先是不断上升，到达最高点后继而不断降低，开始消费时满足感最高，然后感觉变得一般，再增加消费满足感降为零，继续增加消费则满足感成为负值，即变为一种痛苦。奖惩手段变换使用可以突破一种手段的连续使用所引起的习惯性心理，提高刺激的反应强度，到达有效管理的目的。

相反，奖惩不对称则破坏了公平感，过度奖励会诱使人们由努力工作变为追求奖励本身，忽视，甚至危害到工作，如美国金融机构的高管受高分红的诱惑而欺骗公众，过度惩罚更会挫伤人们的积极性。

（二）激励相容原则

制度设计的激励相容原则即以个人效用最大化为前提，使制度对象遵守制度成为其最优选择。教研室连带责任设计时应使教师努力工作所得高于努力的代价，使不努力所受损失大于不努力的好处，如休闲增加等，有些教师只上课挣讲课费，不搞科研，那么如果为了以科研促进教学，就可以把上课和科研、聘任结合起来，凡没有完成一定科研任务的在一定时间内不予聘用和上课任务。

激励相容原则要求关注需求。不同人的需求或同一个人在不同时期其需求是不同的，即需求是多种多样的；需求的类别和程度是不断变化的；需求是可激发的。激励相容原则还要求明确的制度目标。明确的目标对成员需求可以起到一个引导作用。激励相容原则需要把组织成员的需求和制度目标结合起来，使成员需求的实现和制度目标的完成相吻合，个体追求自己的需求客观上就是制度目标的实现，而制度目标的完成包含着个体需求的实现。

激励相容原则也是一种利益相关原则，制度设计要与职称评定、聘任和授课任务联系。如果人员之间的奖惩连带与其切身利益无关，也肯定达不到化解其私有信息、促使其奋发努力的管理目的。发展性评价固然好，但奖惩性评价在目前教师觉悟等条件的制约下也不是可有可无的，两者要辩证使用，才能取得最佳效果。

（三）管理系统化原则

教研室团队建设是学校的一个系统工程，需要其他部门多方面配合；直接目的是化解教学上的私有信息，提高教学质量，但这一工作客观上牵涉到方方面面，如科研、人事和后勤等，所以各部门通力合作才能很好地完成这个任务。这样管理系统化原则就具体化为统一性原则和适应性原则，统一性原则即各部门围绕教学质量提高的主要目的，来兼顾各自的特殊性；适应性原则即各部门不断改进以最大限度地适应教学质量发展的需要。

三　连带责任的制定

连带责任的设计应从教师的岗位职责考虑，涉及教学的各个环节，主要有以下几点，这里的讨论还只是起一个引起思考的作用，大量具体的制度还需随着管理实践的发展，由具体管理部门牵头研究，不断提高其可行性和有效性。

（一）选课连带

如果在起始性评价中有成员没有能挂牌上课，或在过程性评价中所受评价档次最低，或学生打分低于 70 分，本人将被停止上课一个学期或更长时间，教研室其他成员在照顾到教学任务安排的前提下，也要停止上课或减少课时。为了不影响教学任务的完成，还可以把担任同一教学任务的一个教研室内部再次划分成两个单位，一个出了问题，由另一个承担其教学任务。教研室之间交叉上课也是一个办法，每个教师可以承担两门以上的授课任务，一个教研室出了问题，由另一个教研室接替其教学任务。

（二）政治连带

学校是社会主义核心价值观和党的方针政策宣传的主阵地，而教师个体可能拥有自己私下的信仰，如果在课堂上进行私人信仰的宣传就是违背学校组织原则的，要给予必要处理，如谈话、警示和停止工作，其他成员基于连带责任也要停下来做其思想政治工作。

（三）考试连带

在考试中严重违纪的，如泄露试题、延误考试等，扣发直接责任者的奖金，教研室中止优秀教研室参评资格。对试题泄露等问题，除了连带处罚外，如果实行授课和出题分开的制度，也许有一定的效果。美国处理安然和安达信联合进行虚假信息披露的事件，其中一个重要方法就是进行业务拆分，也就是把代理中介公司的业务限定在单一服务上，保证代理人业务的独立性，防止混业经营带来业务之间的收费"搭便车"现象。美国很多会计师事务所既为上市公司提供财务服务，也提供战略咨询服务，正是后者的高额报酬使它们在财务监督上马马虎虎。教师自己授课，自己出题，对学生的约束减缓很多，教学质量好坏难以测量，所以教师业务分开或许如美国治理企业的方法那样能够取得一定效果。

（四）教学内容连带

授课内容违背教学大纲，该讲的没有讲明白，随意更改教学内容，穿插其他学科知识过多甚至占用大部分本课程的课时，如政治经济学课堂上讲大量餐旅专业的知识，内容上严重走偏，就要对他进行集体帮助，需要单独抽出时间强调政治经济学的应讲内容，并做出对这个教师的专项听课、辅导等计划，最后写出一份总结报告，所产生的费用从该教师的奖金或课酬中扣除。

（五）教学方法连带

不同的课程有其不同的方法，如理论课应使课堂上充满一种理性的探讨气氛，可以运用理论分析方法、案例法、讨论法、访谈法、问卷法等，而不能闲扯无关的话题，以引起学生的茫然大笑为活跃课堂气氛。如果因为方法不当致使本课程的教学任务没有完成，一经举报或检查查实，直接责任者要受到批评帮助，在其职称评定等方面也要受到减分等处理，教研室其他成员也要受到相应的处罚，程度上可以从轻。

（六）竞争连带

即在教研室内部展开一定程度的竞争，这样可以减少合谋现象。一般竞争越激烈，竞争主体的盈利能力越低，彼此的合谋越不稳固，不管对手如何出招，某个人的占优策略都是"背叛"，这是一个典型的"囚徒困境"。所以这样既不耽误教学任务的完成，又能较好地实现连带责任管理。

（七）奖励连带

各个教学环节上都应有奖励连带，一个或少数教师受到奖励，其他成员和整个教研室都要得到通报表扬、职称评定加分、优先聘用等待遇。奖励连带的含义还包括对一些成员奖励，同时对另外一些成员惩罚，一些人得到通报表扬、职称评定加分、优先聘用等待遇，另一些人就等于减分、后聘，这也意味着整个教研室的利益成为一种不相容的集体利益。布坎南，奥尔森等人认为，集体利益可有相容和排外之分，相容的集体利益指利益主体在追求这种利益时是互相包容和支持的，相斥的集体利益是指利益主体在追求这种利益时相互排斥、彼此削弱。不相容的集体利益有时是利于宏观管理的，因为相斥合谋的利益总量是一定的，相争利益此消彼长，合谋很容易自行毁灭，典型的例子是产量和价格卡特尔，市场容量就是那么大，谁先毁约谁先受益，所以这种垄断很不稳固；相反，相容合谋成员之间进行的是正和博弈，不容易拆散。合谋的性质是由合谋主体目标决定的，而不是由合谋者本身所决定的，奥尔森指出，一个集团的行动如何，取决于集团成员寻求目标的性质差别，而不是成员的任何性质。[①]

对于委托人而言，防范合谋的一个有效的办法是诱使某些代理人背离合谋集团，为此委托人调整原有的激励计划是必需的，新的激励

---

① 曼瑟尔·奥尔森：《集体行动的逻辑》，上海三联书店、上海人民出版社 1996 年版，第 78 页。

要保证背离者能够获得比他们在合谋集团中更多的利益。

能够引起合谋主体利益相争的制度设计其实是一种歧视手段，歧视即区别对待，它也许有违公正，但治理合谋却是行之有效的，它的实质是在代理人之间制造了利益冲突。不公正与负外部性的合谋都是治理的对象，在这里为什么要舍一取一呢？在这里公正是个抽象的概念，凡是合谋都是违背社会或组织大利益的，对合谋者的治理都具有正义性，对他们之间的不同策略，只是一个具体的管理方式的区别问题，不涉及公正与否，或全都是公正的。

（八）辩证设计以结果为奖惩条件的契约和以过程为奖惩条件的契约

为防范一个委托人和多个代理人组成的委托—代理关系中代理人之间的合谋，委托人可以设计以结果为奖惩条件的契约，这种契约无须代理人相互担保，可使代理人之间的私下契约变得无效。它的约束效果好，但它是设法抓住代理人的把柄并以此实行惩罚，这不符合学校作为委托人的目的，学校的目的不是惩罚其教学代理人教师，而是提高教学质量和知名度，偶有惩罚也是为了警示他人的无奈之举。以过程为奖惩条件的契约需要教师日常的相互监控和提醒，不以结果为奖惩依据，尤其是能够把消极性结果消灭在萌芽状态，但效果可能较差，因为这种制度既无结果的处理，又因教师监控他人成本和收益不对称导致的过程监控无保证。教师监控他人的成本可能来自他人的不满、时间等，其收益是整体受益的教学质量，虽然具有正的外部性，但对他这个微观主体来讲还是得不偿失。

以上两种契约各有利弊，进行连带责任制度设计时需要全面考虑。

（九）教研室主任更高程度上的奖惩

教研室主任承担教研室的管理职责，所承担的任务较多，所以也应该得到更多的激励，同时本着对称原则，其处罚也应该更严重一些。通过这种制度加强教研室主任的责任心，带动整个教研室团队进步提升。

制度设计永远是一个开放的系统，随着社会时代的发展而不断发展变化。有些高校已经在教学管理中实践着一些连带性的制度，起到了警示引导作用，这是连带责任制度设计的一个很好的基础，后面的任务就是总结和完善了。

第三节　可能出现的主要问题

一　签订协议的较高交易成本

交易成本是制度可行性的一个重要制约因素。教研室连带责任制的交易成本主要来自几个方面：①制度总体认可成本。教师是否认可这一制度，需要管理部门和学校与教研室多次博弈，教师对限制自己利益的制度一开始肯定持坚决的反对甚至抵制态度，这主要不是一个认知问题，而主要是利益问题，但经过多次说服和讨论，最后肯定能够通行，但其中的高成本是必然的。②连带责任的制定成本。制定什么样的连带责任涉及教师的直接利益，将会是争论的焦点，所花时间长、反复修改多。③连带责任调整成本。其间需要调查研究，讨论成文等费用。④所涉及的机构人数众多。教研室和学校各处室等机构之间需要申请和协调，讨论问题需要程序和时间，教师人数多、诉求各异，所有这些都要花费时间等成本。

二　执行环节

主要是执行力度问题，奖惩力度难以把握，太小，不起作用；太大，激励过度，集体造反。管理适度是一种试错博弈过程，会有一定作用，但又不能期望完全的管理效果，管理适度、保持适中是一种最低标准和要求，最高标准和目标只能在这种适中的前提下争取，为此要提高对管理不足和管理过度两个极端的警惕，增强度的意识，使管理的事物保持在良性运行的范围内，管理适度还要克服消极平庸的中游思想，积极争取适度中的最佳；否则，从长期看，保守不思进取的中游式的适度将会丧失；适度管理还要求审时度势，事物在发展变化，人的思维具有主观局限性，所以，管理者必须不断地审视外界客观环境变化，不断地提高自己对管理对象的理解力，不断地分析预测管理趋势，确保管理的效能；适度管理要确定自己管理的出发点，有这样几种选择即从领导讲话和文件精神出发，从自己的经验和喜好出发，从书本中的所谓真理出发，从管理习惯出发，从法律条文出发，从管理对象和管理环境的客观情况出发等，总的出发点应是客观实际，但也要和经验法律书本等其他方面结合起来，从而使管理科学有效；适度管理要注意处理好要素和要素、要素和系统、整体和部分的关系，教研室相对于教师来讲是一个系统整体，教师和教研室集体之间关系要求和谐、步调一致，教师个体作为教研室整体的要素，彼此之间也要沟通交流，教研室的各项工作也可以看作是一个个要素，需要分清轻重缓急区别处理，教研室相对于学校又是一个要素，它要符合学校的整体意图①；适度管理要以管理目标为导向，适中管理还仍然会有私有信息的漏出，任何管理其实都是如此，管理是一个无限趋近理性目标的过程，正如法约尔所说：在管理方面没什么死板和绝对的东西，只要在大的方向上能够沿着组织的总体目标运行就是值得肯定的，即适度管理的管理体制、技术方法和路径等应该以管理目标为导向，高校教学管理的总体目标就是教学质量的提升。

关于适度管理要注意的一个问题是，在现实中制度往往屈服于"能闹的人"，但从理论上讲，适度管理是指管理以不引起冲突纠纷为限，不等于软弱可欺，如果杀人犯反对死刑，死刑就因此废除的话，将不是适度管理的问题，而是国将不国的问题。任何制度都会产生异议，只要制度是有利于正义、有利于大多数人的，就要坚决地采取多种措施维护它。

三　团队成员合谋

制度对象合谋必然使激励扭曲、制度坍塌，教研室连带责任制度本来针对少数职业道德差的现象，现在要大家买单，虽然有管理上的合理性，但教师难免有一种被动感、委屈感，这种消极情绪日积月累，一旦碰到合适的时机就可能集体实行机会主义，合谋随之产生，或隐瞒不报、消极抵制，或不接受已被查实的所犯错误的惩处等。合谋往往增加某个利益集团的利益，损害的是整个社会福利，具有负外

---

① 左娟等：《关于领导者的适度管理》，《现代企业》2012 年第 4 期。

部性的后果。这里教研室的合谋使教师教学私有信息不能高程度化解，轻松的是他们自己，损害的是教学质量和组织声誉。对此，一方面要合理把握管理的度，另一方面要强化其正确认知和利益观，适度扩大团队规模，增加其合谋的难度，人数越多，隐瞒信息"搭便车"的人越多，沟通的费用越大，合谋的成本就越高，因此，人数和合谋的可能性成反比，这是"强大少数，弱小多数"的原理使然。

四　人员之间的责任连带引起心理问题

教师会认为，连带责任制是封建糟粕、不人道，按照现代观点应该谁的责任谁承担。对此需要耐心的理论讨论和宣传等工作，其实连带责任制度可以被赋予现代意义，甚至在社会转型期旧的规范已经四分五裂而现代规范尚未成型的时期，这种连带责任制度还很有必要：①西方经济学中的"经济人"假设依然成立，经济人自私利己，随时具有机会主义倾向，在教学管理上依据各利益主体的利益取向进行连带责任制度设计是有现实人性的针对性的。②道德良心的约束力软化，在传统社会道德良心的自足程度高，可以由其主体自行贯彻，但在市场经济的冲击下，这种良好的意识形态被物质利益冲淡，因此必须增强硬性的制度约束，而连带责任制度就是这样一种强势制度，如果没有连带责任制度，就会使得道德良心缺失者携带缺德获利而逍遥法外。③连带责任制度的实行方式可以是现代文明所允许的，封建的各种残酷刑罚肯定要被禁止，代之而起的只是责任的连带，这种连带责任的承担必须符合现代法治要求和中国特色社会主义核心价值观。

这个工作有一个成功的基础——教师之间可能的合谋不稳固。弗理德曼的冷酷战略认为，每个厂商一开始都采取合作策略，一旦某个厂商违背协定，大家将对他施以惩罚并且永远不与他合作。因此，如果对手采取的是冷酷战略，它将产生一种威慑力量，使背叛行为得不偿失，从而实现默契性合谋。但教师之间由于较高的思想素质不会有这种冷酷战略，一旦谁执行了学校规定，不会遭到孤立，大家因此将配合管理。当然也别指望他们会相互告发，其连带责任的实现应主要依靠另外的检查制度以获得可观察性的结果。教师的合谋与打破合谋将是一个交替过程，受制于利益的随机冲击，当不遵守连带责任规定与自己利益一致时，合谋继续；反之，合谋被打破，理性经济人是这种现象的前提性条件。博弈将贯穿于连带责任制度的始终，制度对象的损益越是严重，其中的博弈越是激烈。

第四节　教研室团队建设的有效性机理

一个人本应当"罪责自负"，它是现代法的基本原则，但连带责任在现实中确实有其效果，其有效性在于其运行机理。

在私有信息化解的大目标中，教研室团队建设是其化解有效的原因，私有信息被化解是其结果，而机理讲的是原因如何能够引起结果，即从因到果的过程，其中最为关键的是机制，即制度整体中相互联系、各有独特功能的构成部分。教研室团队建设作为剩余性化解思路的有效性机制如下。

一　利益相关机制

人的行为是对外部刺激的反应，要改变人的行为就要建立合适的外部刺激，每一个员工在工作中发挥能力和他所拥有的能力是不对等的，期间差距的缩小依赖于有效激励。

连带责任与职称评定等相联系的设计符合激励作为人力资源开发手段的主要原则：

（一）正负激励

即激励要满足人的正当需求、限制其不正当需求，具有连带责任性质的教研室团队建设恰是满足了教师的正当需求如工作量、职称的要求，限制了教师的不正当要求如偷懒和"搭便车"等机会主义行为；奖励和处罚不仅是对当事人的，而且对其他员工也是一种鼓励和警示。正负激励都有一个边际激励效用递减的问题，重复刺激会使反应性行为减弱，如果表扬和奖励这类正激励过多，人的满足感和积极的情绪体验就会降低，同样地，批评和惩罚这类负激励过于频繁，人的痛苦体验就会逐渐减少，所以要使正负激励的效果持续下去，还必须把握其边际效用不递减：一是提高正负激励的力度，二是变换正负激励的形式,三是正负激励交替使用。

（二）目标激励

即激励要服务于组织目标,连带责任的制度就是围绕提高教学质量这个组织目标进行的。

（三）适时激励

即把握时机、顺势引导。人们迫切希望实现的事情,若能得到关注,将极大地调动其积极性。职称等是教师的职业追求,把他们的努力与此挂钩必然进一步产生职业上进心,主动研究教学。

（四）准确激励

即制度设计针对的需求真正是激励对象在内容和程度上所在意的,也就是激励要相容,否则激励无效;连带责任制度追求利益相关、管理适度等,满足了这一条件。

（五）群体激励和个体激励相结合

个体激励是为了避免平均主义,群体激励是为了调动大多数成员的积极性、增加成员间的合作。制度设计里的"奖励连带"就是体现了群体激励,"竞争连带"体现了个体激励。

二 效用强化机制

每个教师都有自己的效用,而连带责任制度使其效用进一步加强,奖励和处罚都不再是自己一个人的事情,事关大家利益,彼此都成了利益相关者,奖励互惠、惩戒共担,即其中又有共同进步机制,还有"互损"机制:对外集体受罚,对内违约个体受罚;因为有连带互损的规定,所以不存在一种"囚徒坦白式"的占优策略,他们因此能进行合作而达到最优结果,是变个人信用保证为教研室成员合作保证。

"囚徒坦白式"源自博弈论中的"囚徒困境",1950 年,美国兰德公司提出了这种博弈论模型,讲的是两个共谋犯罪的人被关入监狱,不能互相沟通情况,警方证据不足,于是设了这样一个局:如果两个人都不揭发对方,则由于证据不确定,每个人都坐牢一年,若一人揭发而另一人沉默,则揭发者因为立功而立即获释,沉默者因不合作而判刑五年;若互相揭发,则因证据确凿,两者都将获刑两年,由于囚徒之间互不信任，结果倾向于互相揭发，而不是同守沉默。这两个被捕的囚徒之间的特殊博弈说明为什么甚至在合作对双方都有利时保持合作也是困难的，反映了个人的最佳选择并不等于团体的最佳选择，虽然困境本身只属理论模型性质，但现实中的岗位竞争等方面，也会广泛出现类似情况。

囚徒博弈论中的每个囚徒的获益以对方受损为前提，一个囚徒交代了罪行，获得的是减刑，而对方却会得到更大的刑罚，因此每个囚徒都选择交代罪行，这是他的占优策略，博弈论中的占优策略是指在对弈中，无论他人做出怎样的决策，一个人总是做出的决策，这样看两个囚徒之间是不可能进行合作的。

在教研室连带责任制度下，如果一个人连累了大家，可能会遭到一些埋怨，尤其是主观故意造成过错，不妨称为埋怨机制；反过来讲，做错的人会有一种抱歉的感觉，可以称为抱歉机制；这两种机制都可能转化成为集体争光的动力机制，从而共同促进教学质量的提升。埋怨机制和抱歉机制的现实性和有效性根源于人的内心深层次的良心，每个人都有良心，因为人都具有一种可通约的感觉认识，只是表现方式不同罢了，有的人按照良心办事，得到良心的安宁，有的人违背良心而损人利己，受到良心的谴责；德国古典哲学的创始人伊曼努尔·康德认为，良心是"自己对自己做出裁决的判断力"，良心以善良意志为根据，良心通过义务意识而对道德法则产生敬重的情感，集德国古典哲学之大成的黑格尔认为，良心是在自身中反思着的普遍性，良心是主体内部绝对的自我确信，良心是唯一对我有约束力的东西；人作为一种高度社会性的存在，其良心其实是社会规范作用于他的内心而形成的一种心理机制，也就是社会基本价值观念的内化，因此良心就是以个体形态存在着的社会基本规范或社会基本价值观念，良心在形态上虽然是个体的，却不一定是自足的，它还是有外在的社会性的约束，否则良心的主体就不会有自豪感和羞耻感等心理体验，而康德的道德才是最高级别的至善境界，一切按照原则办事，表现为精神上的信仰，不以道德主体自身的利益得失和情感上是喜怒哀乐为转移，也不以外界的评价为导向，只要是应该的，他就义无反顾，高度自足；一个真正有孝心的儿女不因父母的态度而生变，一个真正的商品生产者不因金钱而造假。有人说雷锋是不道德的，因为他帮助别人是为了自己快乐，这种说法乍一听耸人听闻、闻者哄笑，但若站在康德至善之理的角度，还真需要分析鉴别一下，如果雷锋真的是为了自己的快乐而帮助他人，那他充其量只是一个有良心的人，如果他认为自己做好事是应该的，同时又为此感到快乐幸福，那他就是有道德的，如果他做了好事却落得被帮助者的埋怨敲诈、自己很难过，而以后仍愿意帮助别人，那他就是一位至善之人。教师之间的抱怨和抱歉机制与他人的反应密切相关，所以属于良心之列，良心中的是非之心承认事实、追求公正，她能够进行个体自我评价，判定自己行为的性质以及在集体中的定位。

效用强化不同于效用最大化，效用最大化是西方经济学消费论中的一个核心概念，效用就是消费者消费某种商品时所感受到的满意程度，因时因地而异，具有主观性，反映人在特定时空条件下的心理感受，这个概念与马克思的使用价值完全不同，马克思的使用价值具有客观性，是指商品所具有的能够满足人的需要的某种属性，衣服可以御寒，食物可以充饥，不以人的意志为转移，反映的是商品的自然属性；西方经济学的效用最大化指的是一定效用水平下所花成本最低，或在成本一定时所得到的满足感最大，这种效用最大化是就一个特定主体而言，不涉及和他人的关系，孤岛上的鲁滨逊也可以在消费时获得效用；而效用强化意指一个主体的效用因为与其他主体的效用相联系而备受重视。被强化的效用不一定是最大化效用，上述抱怨机制和抱歉机制会给当事人带来不愉快的感觉，应当属于一种负性效用，当然算不上是最大化的效用，最大化的效用指的是正面的积极的满足感，抱怨机制和抱歉机制之所以被称作是被强化的效用，是就其程度而言的，而不论其正负方向问题，同时最大化的效用也不一定是被强化了的效用，个体的效用最大化是个人的感受和成本收益的算计，无须他人介入，不必被他人强化，所以说，最大化的效用不一定是被强化了的效用。总之，被强化的效用和最大化的效用，一个是西方经济学的概念，另一个是社会学的视角，两者不能混淆。

三　组织歧视机制

即连带责任制度设计时注意了合谋防范，在教研室中不同的教师区别对待，有奖有惩，且程度不一，即组织歧视机制，同时使其利益总量受到限制，这样若发生合谋，也是一种相斥性合谋，很容易消失，以此保证了管理效率。结合对于合谋的认识，合谋在这里也可以理解为是两个以上的利益主体之间有目的的、具有负外部性后果的合作，只要存在两个及其以上的利益主体，其合作后果又会在增进合作者利益的同时损害他人和社会福利，就意味着这种合作属于合谋性质；相斥性合谋与相容性合谋相对应，相斥性合谋是指组织或个人就某一既定利益总量进行的合谋，他们进行的是一种寻租活动，"租"就是利益和好处，合谋形成之前的外在利益是一定的，但能否获得是不确定的；相容性合谋是指组织或个人针对不确定的利益量而进行的合谋，所谓利益量的不确定是指合谋之前该利益并不存在，合谋利益是各个合谋者勾结在一起后新创造出来的，他们进行的是一种设租活动，而不是寻租活动，每个合谋者都能够从合谋中得到正的净收益，任何一方的退出都不会使自我利益增加；相反，还会使自己的利益减少并因其撤出对于合谋力量的削弱而同时使其他成员利益减少，违约是典型的损人不利己行为，所以，与相斥合谋不同，相容合谋不反对新成员的加入，新成员的进入往往会使合谋产生新的更大的利益，相容合谋成员之间进行的是正和博弈。在相斥性合谋中，个体目标与集体目标指向一致的利益对象，但在最大化问题上存在着冲突，集体目标对于任何个体而言可能都是有益的，但这种利益是以个体合谋者牺牲利益最大化的可能性而得到的，他的利益最大化包括独占和提高利益比例，同时成员之间利益也存在着冲突，由于利益总量一定，个体利益此消彼长，一个人所失去的就是另一个人所得到的，甲的最优不一定是乙的最优，甲的最劣也不一定是乙的最劣，这样当个体追求自身利益最大化时，不仅他的目标与集体目标不相容，而且与其他个体目标之间都存在冲突，这种相斥性合谋属于博弈论中的零和博弈问题，甚至是负和博弈，也就是说，一旦内部个体和集体的关系、个体之间的关系没能妥善处理，会导致合谋失败，他们不但得不到一块大蛋糕，还很有可能因为损害他人和社会的图谋破产而受到惩罚。鉴于上述分析，在教研室利益总量一定的条件下，就那么多课时、那么多机会，教研室内部发生合谋的可能性就非常小，这是教研室连带责任制度设计时的未雨绸缪。

实际上，这种做法也是对一个教研室内部教师之间、教研室之间合理竞争的引导，奖勤罚懒、奖优罚劣是合情合理的，是真正的公平，如果反过来对弱者照顾，就变成了对强者和努力者的"逆向歧视"。逆向歧视是对"肯定性行动"来说的，肯定性行动是指政策上照顾少数族裔与弱势群体的特殊优惠措施，由美国政府倡导推行，主要体现在入学与就业等领域的加分、提高录用比例和预留名额等。肯定性行动反对种族、肤色、信仰和性别等歧视，引起争议，一方认为违背自由平等的立国精神，是对白人和男性的歧视；另一方认为长期的隔离与歧视丧失了公平竞争的起点，难以保证社会的自由和稳定，不构成对白人和男性的歧视。美国的肯定性行动是在还历史欠账，确实不构成对白人和男性的歧视，而且有一个完成其历史使命的时限，在正常的社会运行中，如果对一些人群进行特殊照顾就是真的形成了对另一些人的逆向歧视。再说，以人群分类为基础的优待仿佛是一种恩惠，有可能给受惠者带来耻辱感，加深他们的自卑，并导致群体敌视，谁愿意充当弱者呢！不公平竞争是对和谐的扭曲，公平竞争才真正能够促进科学管理与社会和谐，优待不是荣誉而是贬抑。

四　教研室声誉机制

声誉是组织内隐性的精神性的激励机制，重复博弈是其前提条件，它能够降低组织的机会主义和代理成本，是对显性契约关系的补充。经济学的代表性假设是经济人，经济人自私利己，往往使组织成员的个体目标背离组织利益，是激励问题产生的始作俑者，但声誉机制的发现是对它的一个回击，声誉机制拓宽了管理渠道。声誉机制之所以有效，在于它和人们的积极情绪以及后续利益相关联，声誉好使人心情愉快、利益增进；反之心情郁闷、利益减少。

这里要强调重复博弈的重要性，重复博弈是指合作者的合作次数有限但不知何时结束合作，或合作次数无限多，这样人们就不会互相伤害，而是努力求和，争取自己、他人和整个组织的利益共进，其具体机制主要有：①主动有效的人际沟通。在重复博弈条件下，集体和成员之间、成员之间出于长期利益考虑，都会积极主动地进行善意和有效的沟通，这种机制使局中人达成相互了解和理解。②竞争中的合作。博弈中人如果擅自行动而减少其他人在可能的博弈均衡中的支付，他的部分私有信息也将暴露在他人面前，从而使自己在竞争中处于不利地位，所以，他必然会采取合作态度。③互相学习。博弈的过程也是互相学习的过程，原来自己强烈反对的价值可能逐渐被接受，原来钟爱的价值可能被降低，这样局中人的价值距离就会缩短，最终促使博弈均衡实现。④信任。没有一定程度的信任就没有合作，长期的交往必然建立在信任的基础上，即使是相斥性博弈也会存在一定的信任，这是实现博弈均衡的必需的一个机制。所有这些机制要发挥其作用又需要一个共同的大前提，那就是局中人都具有共同的理性——维护发展自身利益，否则一个局中人如果为了自己的利益最大化而不顾自己的眼前的既得利益，其最后的底牌是同归于尽，那就什么机制也谈不上了。教研室属于一种常设的教学基层组织机构，其中教师人员也相对稳定，这样才能够发挥声誉机制的作用，教师之间、教师和教研室之间基本是一种重复博弈，相同结构的博弈重复多次，其中每次博弈只是一个"阶段博弈"，进一步地，还是一种无限次博弈，教师的工作调动在现实中还是比较少的，等于和教研室及其成员之间签订了终身契约，这种博弈类型不同于偶然的一次性博弈，在一次性博弈中，各个当事人只是一时的利益瓜葛，一次合作结束后，各奔前程，彼此不再相干，所以容易导致在那个一次性博弈中设法损害对方而使自己获得最大利益。高校教研室的成员鉴于自己的长期利益，人们必然采取合作的价值取向。

连带责任制度可以实行教研室主任负责制，即教研室主任在教研室中处于核心地位，享有最高和最后决策权，并就整个教研室的所有决策和行为向上级管理机关负责，他在相当高的程度上，可以说是一位基于某种客观原则的无偏见仲裁人，在教研室和成员之间以及在各个成员之间，无论大小事情，教研室主任都是一个不可或缺的正规的协调人，他的存在及其功能的正常发挥，会保证教研室及其成员的利益在博弈中取得各种各样的均衡；相反，如果这样一个仲裁人缺失或功能低下，教研室及其成员的利益将很可能导致遭受损失的非均衡结局；无偏见仲裁人的最核心功能是引导博弈不断形成一个个焦点均衡。焦点均衡（Focal Equilibrium）是指在一个具有多种均衡的博弈中，一些事件能够使得局中人的注意力集中到某一点，而局中人能够形成共同意识而达成的某种特定的均衡，这种现象被称为为焦点效应（Focal － Point Effect），当博弈存在支付不同的多种均衡时，哪一种均衡能够被实现？或者说个人与集体福利最大化的帕累托最优如何才能实现？这就是关于重复博弈的焦点均衡问题，要实现支付最大的均衡，博弈就需要上述一个无偏见仲裁人，任何两人以上的一个共同体其实都需要这样一个角色，他可以保证共同体成员及整体利益的最大化，他的立场是共同体及其成员的利益最大化，他的思维方式是超越他本人利益，以客观原则为价值标准，乐于担当，说服其他成员的思维方式和行为方式遵从客观原则和共同体及其成员的最大利益，这样一个无偏见仲裁人在共同体中的缺失及其所可能导致的恶果无疑是共同体及其成员的悲剧。教研室这种共同体对仲裁人的需要当然也不例外。同时每个人与教研室荣辱与共，教研室的声誉反过来也影响每个教师的利益和地位，大家因此会共同努力工作提高其声誉，学校的管理目标也就此得到实现。

以上起始性化解是高校校级管理者通过轮流挂牌上课制度主要调节师生之间的关系，过程性化解是高校校级管理者通过对象性双向制主要调节管理者和教师之间的关系，剩余性化解是高校校级管理者通过教研室团队建设主要调节教师之间的关系。三种私有信息化解思路之间并非彼此孤立，而是相互渗透的，因为它们各有其优势和局限性，由此必然引致其相互支撑性，最终形成一个三维立体性的高教私有信息化解格局。每一种化解方式和总体化解格局，都不仅有激励、更有约束，这是对管理理论和对待知识性劳动"只可激励，不可压榨"原则的"反动"，管理理论认为当人的行为不能够被完全监控时，就需要激励，而激励就是给予被激励者所想要的东西，这从管理学各种激励理论中可以看出。① 这种做法在现实中行不通，因为它的假定是"一个人得到了想要的，就一定会付出他应该付出的"，这与现实不吻合，对待知识性劳动也要实行必要的"压榨"，在我们给出的方案中，既有得不到课时的压力、被管理的方向，又有连带责任的重锤相击。

① 管理学分为：（1）内容型激励理论，包括马斯洛的需要层次理论即认为人的需要分为生理安全感情归属尊重和自我实现五个层次，奥得弗的 ERG 理论即人的需要分为存在、关系和成长三类，赫茨伯格的双因素理论即激励因素和保健因素，麦克利兰的成就需要理论即人的高级需要分为权力需要、社交需要和成就需要。（2）过程型激励理论，包括弗洛姆的期望理论和亚当斯的公平理论。（3）行为改造理论，包括斯金纳的强化理论、海德罗斯的归因理论和挫折理论。（4）综合激励理论，包括波特—劳勒综合激励模型和豪斯综合激励模型。

第八章　高校教学私有信息化解的影响和启示

第一节　教学联合体

私有信息化解的影响是多方面的，这一节集中分析教学联合体：三种化解思路共同改进教学质量后，学校声誉得以提高，为下一步加入教学联合体奠定了基础，而教学联合体的形成会使教师在更大的范围内接受知识和职业道德的检验，从而能够进一步改善其行为和社会评价、提高学校声誉和影响力，使学校拥有更好的生源，这样形成一种良性循环。这就是教学联合体和教学私有信息的关系。

一　教学联合体含义

教学联合体即各高校在自愿协商的基础上、在教育主管部门推动下，为了自身发展而组织的资源共享办学形式。其特点是：

第一，传统高等教育的机构性和地理性边界被突破。

第二，它是一种世界性的高等教育现象。

第三，自主性。参与教学联合体的学校依然保持各自独立的法人地位，自主运行，它们既有借助联合体把自身做强的内在动力，又有被联合体伙伴淘汰的压力。

第四，核心目的是提高教学质量，目标是组织发展。

教学联合体不同于高校合并。我国的高校合并兴起于 20 世纪 90 年代初，它在国家高等教育中的战略地位不明确，受国家行政管理体制限制较多，所以被教学联合体所代替。

与"没有围墙的大学"即社会公众自由进入大学校园听课学习的区别在于其计划性、管理性和发展目标的明确性。

二 教学联合体产生背景

（一）高等教育需求与资源缺乏的矛盾

高等教育需求增加来自社会发展的规律，一是公平教育理念和诉求使精英教育日益转向大众教育，要求接受高等教育的人数增多；二是社会发展对劳动者的素质要求日益提高，但同时高等教育的资源却相对不足，这就产生了高教资源整合的问题。

在市场上，需求和供给是一对矛盾，前者受制于观念的变化、制度的更替等因素可以迅速变化，主观性较强，但后者因为技术、资源限制等却难以在短时间内进行同步调节，尤其是不能够快速增加。面对这一矛盾，市场自由主义者予以否认，他们认为在灵活的价格机制下，供求之间永远是平衡的，当供大于求时，价格自动下降，引起更大的购买力，于是在低价位上实现了供求平衡，相反当供不应求时，价格自然上升，抑制过高的购买力，一些消费者退出市场，于是又在高价位上实现了供求平衡。但实际运行中价格并无如此高的灵敏性，供求和价格之间的相互适应会受阻于资源、技术、观念和制度等具有一定惰性、刚性的因素。高等教育需求与资源缺乏之间矛盾的主要方面在供给方，它既不能立即增加，又不能以不断提高价格、抑制一部分需求的方式来强制实现供求平衡，那么整合既有教育资源、改善供给不失为解决矛盾的有益尝试。

（二）教学联合体是高校发展的需要

1. 提高学校声誉

参与联合体使学校实际上拥有了更多的关注者，包括更多的学生、家长、官员、企业家和其他社会上关心高等教育者，无疑知名度扩大，提高了影响力度。

2. 特色发展

客观上各个学校都有自己的特色和优势，在联合办学的体制下可以集中精力进行挖掘，有利于克服独立办学的大全而弱之弊。

3. 促进教育教学改革

联合办学可以相互取长补短、开阔办学思路，促进教育教学不断改革发展。

4. 增进创新

联合体使学术交流圈子扩大，能够避免学术近亲繁殖、推动联合创新。创新需要全方位的视角，需要开阔的思路，需要不同思想的争鸣和宽容的社会气氛等，教学联合体以其大规模和大气恰好能够提供这样的氛围。

三 联合的主要形式及其意义

（一）空间联合

大学的同城联合是指位于同一个城市的两所以上的大学在教学资源上彼此互通共享，如武汉大学、华中科技大学、华中师范大学、武汉理工大学、中南财经政法大学、华中农业大学和中国地质大学7所"211工程"高校在联办课表、辅修专业毕业论文指导老师分配情况、辅修专业、第二专业学士学位、双学位班报名安排等工作上进行统一部署，它们之间形成了教学资源优势互补、培养厚基础、宽口径的复合型人才的办学理论。

同省联合是指位于同一个省份的两所以上的大学在教学资源上彼此互通共享，这种联合利用的是行政管理上的统一性，如北京的大学城，目前国内还比较少。

国内联合超越同城同省，如贵州科技工程职业学院与北京化工大学联合办学，共同提高行业内人员学历。

国内外联合近年来呈兴旺势头，参与联合的学校数量多、涉及国家范围广、合作办学形式多种多样，是全球化的一个重要组成部分。

（二）内容联合

图书馆、教学楼和实验室等设施的共享适合同城联合的学校，在这些设施的建设和维护上也可以进行多维度协商合作。教师人力资源的互聘适合于更广的空间联合，同城联合、同省联合、国内联合和国内外联合等都可以采用，使得优秀教师在人才培养上可以发挥更大的作用。学生跨校选课通过网络也可以超越地域的空间限制，但网络授课在教学效果上无法代替当面授课，所以，更适合于同城联合办学。学分互认就是学生无论在联合办学中的哪个大学获得学分都会得到认可，并据此取得学位或辅修证明等。

（三）联合的意义

第一，降低教学成本。"大而全，小而全"使各个高校彼此隔离，自己保持高独立性的同时也往往丧失了规模效益。规模效益状况下，学生增加而投入不增加，边际成本为零；联合办学也会因为实验室、图书馆、教室和体育馆等开放性管理和资源共享而避免重复建设和资金浪费；同时教学联合体具有教育的专用性质，加上规模巨大，所以退出成本高昂，这成为一种信用担保，学校唯有好好经营才是上策。

第二，提升教学质量。高校联合如同企业兼并浪潮，先是强者兼并弱者，继而发展为强强联合为了生存和发展，各个高校必然不断谋求自身壮大，想方设法提高教学质量。如果说这是通过竞争机制来实现教学质量的提升，那教学联合体本身所蕴含的资源共享、学科互补共建和教师流动等，就可以打破传统办学的教学科研壁垒，提高教学质量。

第三，有利于国内高校与国际水平接轨。国内高校在与国外高校各种形式的联合办学过程中会获得启发和教益，促使它们向国际水平看齐。

四　面临难题和出路

教学联合体在具体实施中遭遇各种困难，其中既有管理技术操作上的，又有经济利益分配上的，也有独立办学的边界问题。

（一）技术困难

如互相承认学分的数量如何确定，一个学生还能够在多大程度属于招生学校的学生，毕业证、学位证如何签署等。

（二）各自成本收益的核算

各个学校在各种资源上的投资不同，学生人数不同，因此各自的成本和收益也不相同，有的学校学生多而教学资源少、有的学校学生少而教学资源多，实行资源共享后，相关收益应如何分配，是个比较复杂的问题，如果按照投资比例分配，符合分配的常规思维和实践，涉及资产评估这样的重要问题，学生多的一方可能觉得吃亏了，如果学生多的一方分得一个较大的份额，等于与分配的常规思维和实践反其道而行之，不是从投资出发分收益，而是从收益因素出发分配收益，如占总收益的 30%，就分得 30% 的收益，忽视了投资的不同，投资多的学校将会感觉委屈。到底怎样分配算作公平难以确定。

（三）独立办学的冲击

在利益纠缠不清的同时，联合办学还会碰到责任和权力的困惑，各个学校的责权边界也是个不易明确、容易造成重叠和空白的领域。

以上这些问题处理得好，联合办学将取得"$1 + 1 > 2$"的效果；反之则"$1 + 1 < 1$"，即还不如合作以前的效果。

（四）出路

联合办学是高校发展的一个不可逆转的趋势，尽管困难重重，也只能迎难而上，必须在磕磕碰碰中总结经验教训，在实践中完善。只要有利于发展，就不应过分计较小的损益。总之，教学联合体既是物质资源和人力资源的流动，也是信息资源的交流，而流动和交流意味着平衡和提高，教学私有信息所讲的知识优势及其不正当的机会主义利用必将在这种流动中萎缩和减弱。

第二节　建立信任型组织

一个存在私有信息要化解的组织需要信任，信任的维护需要制度，制度的巩固需要空间和灵活性。高校教师自尊、自主特点比较明显，管理上的一个高明之处就是要从此出发，使教师在自尊自主的基础上达到自觉。

一　信任型组织是化解私有信息的最根本方式

（一）信任使私有信息自愿化解

如果说竞争使私有信息自动化解，那么信任则使私有信息自愿化解。在激烈竞争的场合，各个竞争主体为了保全和获得自己的利益，必须让渡自己的利益，放弃依仗私有信息多得的利益，如在价格竞争中，由于消费者不知道价格和成本的差距，商家可能扩大其空间，轻易牟利，如果消费既定，不断增强的竞争就会迫使商家自动降低价格，以争取更多的消费者，这说明原来的成本价格差较大，这样商家的价格方面的私有信息就被商家自己暴露并消解了。教师授课也有类似一面，如果教师多课时少，教师为了多上课，就会在其他条件一定时努力备课，尽力上好每一堂课，以赢得学生和管理者的认可，其知识方面的私有信息也因为竞争而在一定程度上自动化解了。但是，竞争的自动化解是被动的、有损私有信息拥有者的利益的，它会设法保留。

信任也能够使人自动化解自己的私有信息。被信任带来内心愉快的感受，对后续行为产生积极性影响，随之而来的是责任和担当。信任对私有信息的化解是发自内心的、自愿的，这种化解也就更加彻底有效。

无论是竞争的自动化解，还是信任的自愿化解，都是以竞争和信任的存在为前提，如果竞争和信任没有了，私有信息的自动或自愿化解也就没有了，私有信息的消极利用就会卷土重来，所以维护竞争和信任与建立竞争和信任一样重要。

信任的重建。信任来自行动、来自事实，信任的损毁和重建就需要更多的行动和事实说话。

（二）如何建立信任型组织

1. 管理成效、正直和关注

管理者目标明确、战略清晰、实施周密，给员工一个正确的方向，会赢得员工的信任；领导者的道德水平和价值观念对员工的信任至关重要，领导者必须行为正直、处事公平，以使人信服的方式行动，人们只愿听从有德行的领导者；管理者还要关注员工的切身利益，如工作安全、物质待遇和荣誉要求等。这样就能够建立起员工和管理者之间的感情因素，使大家走到一起。相反，一个不胜任、不道德和不关心他人的领导者会毁掉其所在组织的信任，他如果以不道德的方式对待组织的利益相关者如员工、客户、供应商、政府、社区和竞争对手，那么其消极影响绝不仅仅是他个人的，更是整个组织的。

2. 适度适时的变化

一个僵化、一成不变的组织容易让人怀疑它的应变能力、创新精神和责任意识，所以一个组织必须不断改变自己以应对各种挑战，体现自己的进取性。组织规划出自己远大的目标，员工憧憬着雄心勃勃的未来就会付出的更多。当然，宏伟的目标必须符合员工的能力，具有资源的支持，否则就会招致猜疑和人心惶惶。

3. 信任性文化

如果说制度规定是一个组织或团队的硬环境，那么，组织文化就是其软环境，它对组织的有效运作至关重要。信任性的文化包括以下几点。

共同的前景预期。相同大的前景使人们保持一致，即使遇到分离因素组织成员也能够团结一致。这样的共同目标必须是高层次的，不能仅仅是营利性的，尽管客观上营利可能是非常可观的。非营利性的共同目标成就员工的职业高尚感，认为自己的工作具有社会意义，提高了他们的生存价值，也凝聚了人心。营利的具体目标则是低层次的、技术性的，它使人暴露自己的功利性，降低了人们生存的意义，也使人们彼此低看，不屑合作所以不适于建立信任性文化。

设立惹人注意的竞争对手。它能够激发组织成员之间高度的信任与合作，大家认识到外部强大的竞争对手威胁组织的共同利益时，就会转移他们之间矛盾的视线，一致对外。这种做法的负面影响是容易忽视组织内部的真正问题，它对内部问题只是拖延、减缓，而不是彻底解决，有些问题能够通过视线转移而自行消失，有些则不能。

建立基本的行为准则。有了共同的基本行为准则和价值观念，人们就可以彼此理解、做出值得依赖的各种预期，信任由此得到强化。员工不是实现组织目标的工具方法，组织的高层领导者尤其需要与员工和组织的价值规范保持一致。

在不同层次员工之间建立密切联系。人们都愿意相信自己所熟知的事物，而不愿意相信自己闻所未闻的，所以员工彼此靠近有利于信任文化的确立。

二　信任需要制度保证

信任是组织生命力的保障，是发挥员工才能的动力，它使组织潜力无限。没有信任的制度是缺乏人性的、死板的，迟早要被架空、废弃，没有谁愿意在不被信任的环境下工作，在一个没有信任的组织里，人们彼此视对方为骗子，把权力看得比合作、共同目标更为重要，时间和精力耗竭在令人窒息的钩心斗角中，关键问题的开放性讨论受到强制管理的压制。信任有风险，怀疑更有成本，成功的组织总是给予其员工在瞬息万变的环境中采取行动的自由，所以没有一个缺乏信任的组织能够成功，它充其量只可能实现一些短期的目标。但是只有信任，没有制度后盾，也会显得浪漫而不实用，早晚也会遭到嘲笑、寿终正寝。制度是硬壳，信任是灵魂，两者的有机结合才能见到效果。

用人要疑，接下来就要建立相应制约，如何建立制约呢？

（一）一系列责任标准

这些标准清楚、容易执行。主要涉及各个利益相关者的满意度，在学校就是学生、家长和社会等对于知识的传授、能力的培养和思想的教育等是否满意；还包括教师的责任衡量，管理者的自身要求等。组织中的每个阶层和每个人都有自己的职责，就会带来互相的尊重和信任，相信其他人都在按照职责要求完成自己的任务，而不是在无所事事、占其他人和整个组织的便宜，对高校教师的责任标准要围绕其授课质量做出要求，具体体现在教学的各个环节。

（二）完善的奖惩制度

这项制度使员工明白应该做什么，不应该做什么，奖励是对积极性行为的尾随强化措施，会使员工持续实施；惩罚使人们掩饰失职、逃避责任，不能够从失职事件中学到教训，所以尽量少用，尤其是高校教师自尊心强、理论水平高以及自我评价较高，惩罚的效果会更差些，但是他们愿意遵守制度，认为组织这样的运行是一种公平，所以高校对教师要更加注重正面的奖励制度的运用。

（三）组织资源共享

这是员工履行职责、实现目标需要的。在这个问题上要避免两个盲区，一个是只告诉员工做什么，而不配备相应的资源和权力；另一个是不准员工议论形势变化，校正的方法是：针对第一个盲区，建立多个利益中心，也就是多个自主权中心，组织负责提供知识、信息和技能的培训，这是一种分割与成长模式。针对第二个盲区，组织应鼓励员工对它的关心和热忱。限制信息流动导致官僚主义盛行，如果员工对自己处于组织中的什么位置、未来发展方向在哪里等茫然无知，组织就陷入了"黑箱"管理模式和不信任状态，信任和信息共享是相辅相成的，组织中不同层次之间的交流尤其需要加强。

（四）严格的战略控制

认为在信任的组织或关系中无须控制是天真的想法，没有控制就会导致权力的滥用。信任型组织支持员工的自主权，所以这种组织的控制应该是关键层次的、是宏观战略层次的，它的设计和实施尽量不损害和削弱局部的自主权。这种控制具有以下特点：控制形式的非正式性，如员工普遍在乎自己在同事中的声望；控制的效果来自它对信任因素的支持，如承认员工权力；治理的新方法，如依据与员工会谈的情况就可以解雇CEO；控制的有限性，事无巨细、面面俱到的控制被认为是无效或低效控制。

三　制度空间

制度太详尽严格，员工没有独立感和工作的刺激感；规则和信任成反比关系，规则越是严格，人们越是反感，人们之间的关系越是建立在规则基础上，彼此之间的信任程度就越低。制度要求也不能太粗略，否则将为错误留下较大空间，人们很可能从自身利益出发去理解和执行粗略的制度，而偏离组织的共同利益。所以，制度空间一是必须存在，二是必须适度。这里强调的主要是前者，因为大家一贯偏好于讲制度及其严密的重要性。

制度空间是什么？制度空间不是对制度规定及其精神的偏离，因为制度本身就留有余地，没有细致的规定，这样做是遵守制度，那样做也是遵守制度，都不是对制度的否定、践踏。因此，制度空间也不是"有法不依"，有法不依造成的是制度失效和扭曲，导致公共资源流失于私人之手、寻租行为和社会风气的败坏，而制度空间恰好是为了制度的执行和它所维护的公共利益的增进。

制度空间不同于制度漏洞。制度空间是有意识而为的，是主观设计性质的，是在组织环境不断变化情况下进行有效管理的需要；而制度漏洞是主观无意识的客观后果，属于消极性状态，它不是有效管理的需要，恰恰是有效管理的阻碍，必须得到治理。总之，两者产生的原因、性质和作用等都有很大差别。

制度空间是规定的灵活性，它没有把要求讲得绝对死板，它大于严格控制的制度空间，小于员工行为的实际空间，既能够保证组织对员工的控制，又能够发挥员工的积极性。没有一点空间的刚性制度更容易遭到破坏，因为它忽略了对员工的人文精神，组织中人的要素不同于物的要素，人是有精神需求的，物没有，要想制度有效，必须重视这样一个事实。

制度空间是技术性要求，它使组织系统成员有权力解决各种即时性问题，从而获取效率。

制度空间是组织宽广的心胸，里面装的是员工的自我价值、自我成就感和被组织信任的愉快感，它甚至可以容纳员工小小的私利、容忍员工的错误并鼓励犯错误的人从中吸取教训，如在上班时间发展自己的与组织业务有关联的业余爱好并使用组织的工具和材料，这些活动可能会提高工作效率，这样组织牺牲的是少量的有形的利益，而获得的却是更多的无形回报。

制度空间是智慧，尊重员工就是尊重组织的能动性要素，就是尊重自己的根本利益。它的弹性不是对员工的放纵，而是信任和尊重。

第三节　激励与约束机制并用

教师具有对学生的知识性信息优势，存在偷懒的可能性，如何化解这种信息不均衡，使教师全心全力传授知识以完成学校培养高素质学生的组织目标就变得至关重要，化解措施既可以利用学校内部"市场化"的竞争机制，也可以是一些激励性机制。

一 竞争机制的特点

竞争机制即通过不同利益主体之间的较量实现优胜劣汰、给组织成员以外在压力而促进组织目标实现的一系列规定及其相互关系。

竞争机制特点在于：

第一，个人主义人格假设。认为组织成员是追求一己之私利的。理论中的人格假设各种各样，如黑格尔把主体看成是超验的观念，用理性代替了神性，但是，认为自然由这样的主体外化而来，颠倒了主体和客体的关系；费尔巴哈校正了主体和客体的关系，但他的人是自然、感性直观的、脱离了现实社会生活和远离政治的人；马克思看到的人突破了费尔巴哈理论化的研究方式，成为现实行动的人，都具有阶级的烙印，属于阶级人假设；西方经济学眼中的人超越了阶级属性，是对人的抽象化的理解，但这样的人又带有一定的经验和现实性，是自利的、长于投入产出计算的经济人；日本人民族意识强烈，强烈到可以蔑视其他民族，日本企业员工也多企业集体意识，不妨称其民族人或集体人。不同的人格假设下对应不同的机制设计。个人主义人格假设类似经济人，先设定一个或多个组织目标，让原子式的、自私自利的个人在完成组织目标过程中展开竞争，谁对组织目标贡献大，谁得到的私利多。

第二，以工作为中心。机制设计可以针对工作或成员，激励机制针对的是成员需要，竞争机制则是针对工作目标。

第三，组织内部模拟市场运作。市场经济的核心是价值规律，价值由社会必要劳动时间决定，实行等价交换原则，独立自主的市场主体自主经营、自负盈亏，而在组织内部，竞争者并非完全独立的市场主体，承担的风险也是非常有限的，所以是模拟性质，但毕竟彼此竞争，所以带有市场运作性质。

第四，其机理是通过刺激个人利益追求来间接实现组织利益。机理是机制能够发挥作用、实现功能的道理所在，与机制不是一回事，也可以用原因和结果来说明它们的区别，机制是原因，功能、作用是结果，而机理则是如何从原因到结果的中间过程。竞争机制为什么能够促进组织目标的实现呢？是因为合适的竞争机制会促进个人利益，个人直接追求的是个人利益，实现了个人利益也就间接实现了组织目标，如教师直接在乎的是自己的收益，他授课质量高得到的评价高，收益也就高，但这样也就间接地、客观地完成了学校的目标，即培养高质量人才、提高声誉等。

竞争机制的局限性是让人觉得被动、被人不信任，容易产生逆反心理，越管我，我就越偷懒，而实际上个人的私有信息是不可能被完全化解的，所以，个人有条件实现偷懒。竞争机制的突出优点是直接围绕组织目标进行设计，利于组织目标的实现。也就是说，在竞争机制下，组织目标的实现对组织成员来讲是间接的，而对组织来讲则是直接的。

二　激励的诱导功能

（一）激励机制特点和局限性

激励机制即通过满足组织成员的需要、调动其内在的积极性来实现组织目标的一系列规定及其相互关系。

激励机制特点在于：第一，集体主义人格假设。第二，以人为中心。体现了管理理论的进化。第三，组织内部非市场运作。激励机制促成组织目标的效果靠的是员工的自觉自愿，而非迫不得已的压迫感。第四，有效性机理是激发员工的内在动力。员工的需要在组织中得以满足，必然对组织忠心耿耿。

激励机制的局限性。激励机制的利弊与竞争机制之利弊正好相反，它使人有尊严感、自主感和成就感，在精神和行动的统一中完成工作。但比较依赖于成员的自觉性，对觉悟高的成员效果显著，而对觉悟低的成员效果就差了；激励机制往往是满足需要在前，完成组织目标在后，觉悟高者领酬而劳，使激励机制发挥作用，觉悟低者酬而不劳，从而使激励机制落空。竞争机制常常完成组织目标在前，满足需要在后，靠的是给成员的压力。

（二）激励机制的有效设计

这里涉及两个主要问题：一是以什么作为激励，二是激励的数量。两者共同形成一种激励结构，结构是功能的基础，所以，两者不同的组合会产生不同的激励效果。

对于第一个问题即激励机制有什么，可以分为：（1）金钱类。如现钞，购物卡。（2）非金钱类。如表彰、旅游、持股、培训和优惠贷款等。其中既有物质激励，又有精神激励，但相对竞争机制，精神激励更重要。以上两类机制，无论是金钱的还是实物的，无论是物质的还是精神的，它们都有一个共同点，那就是都是针对成员个人的，因为这种分类是在认为需要是个体的，其实激励还有第三类。（3）组织文化，如忠于组织、争取阶级利益、服务社会、改善人类环境、提高人类福利等。它属于精神激励，可以看成是激励的公共产品，它为个体、组织和全体成员所共同需要，个体间又不会发生冲突；它能够使组织成员产生工作的崇高感，与人生最高境界是为他人的理念和精神归宿相统一，是最高级的激励机制。

设计激励机制种类时要考虑：第一，不仅要满足成员的需要，更要满足成员的优势需要。优势需要即成员最在意的需要。人的需要是多方面的，要使激励有的放矢，就必须考察被激励者最需要、最偏好的事物。第二，优势需要的迁移性。不同的人，同一个人在不同的时期，其优势需要是不同的，这种迁移性对激励效果至关重要，祝愿一个九十九岁的人长命百岁显然不合适。第三，激励机制的种类要不时地进行调整。如果长期执行固定的激励机制，人们消费相同的产品，从美学上讲，容易产生审美疲劳，从西方经济学角度分析，会导致边际效用递减现象，抵消或降低激励效果。第四，以是否能够促进组织目标的实现作为评价标准。激励的目的是完成组织目标，所以看激励机制的成败、是否起到了激励作用，就要看激励机制对组织目标的影响。第五，教师激励方式尽量与荣誉挂钩。知识分子更注重精神追求，不管是金钱类还是非金钱类激励，也不论是物质激励还是精神激励，都要把激励机制与荣誉光环相联系。美国的总统就职仪式人人都可以参加，明码标价，只要有钱就行，与社会地位和荣誉无关，他们是为了所谓人气和金钱收入，这种做法在教师激励中恐怕行不通。

对于第二个问题即激励数量要注意数量的适度：

第一，联系组织效益。过低是作秀，过高是收买，当组织效益高时，则激励数量也要相应提高，不能一味拉大成本收益的差距，以组织效益为激励数量的基础，这一点是人们愿意接受的，当组织效益低时却给予过高的激励，人们会觉得不可靠，而远离组织激励，如高利率集资的情况；当组织效益高时却给予过低的激励，人们会觉得被愚弄，也会离开。

第二，在激励数量问题上也要预防边际效用递减。对一定种类激励来说，如果数量不断增加或太多，就会造成人们满足感过度，如同太少满足感不够一样，人们将不愿意为那样的激励付出更多的努力，这是从心理出发得出的结论。

第三，激励数量要适度这一点也可以由劳动供给曲线的形状变化来理解。假定劳动供给量为 L，工资报酬为 W，则有 $L = f(W)$，或 $L = \alpha + \beta W$，α，$\beta > 0$，α 假定是初始劳动供给量，β 劳动供给的报酬弹性系数，最初，劳动供给量与报酬呈同向变化，报酬高则劳动供给多，报酬少则劳动供给少，$L = \alpha + \beta W$ 的图像为正的斜率，图形向右上方倾斜；但当报酬达到一定高度后，劳动供给曲线变为向后弯曲，劳动者就不再愿意多劳动，反而会随着报酬提高减少劳动的供给，$L = \alpha + \beta W$ 的图像斜率变为负数，图形向右下方倾斜。这里面有个收入相应和替代相应的问题，收入效应是指商品价格升降后，影响到人们的收入相对增减，进而使人们增加或减少商品的购买量，实际收入与购买量同向变化，价格变化与购买量反向变化；替代效应是指一种商品的价格变化后，其替代相关品的价格也会发生变化，进而影响这种商品的购买量，价格变化与该种商品的购买量反向变化，与其替代品的购买量同向变化。劳动这种商品的收入效应和替代效应不同于普通商品，从收入效应看，工资提高，劳动变得昂贵，普通商品便会减少消费，但高工资会给劳动者带来更高的收入，所以会随着工资的提高增加劳动量，从替代效应看，工资提高意味着劳动昂贵、其替代品休闲变得便宜，于是会减少劳动、增加休闲，可见，同样的工资提高，从收入效应和替代效应不同的角度看，劳动便会有增加和减少不同的效果，此时若替代效应超过了收入效应，则出现工资提高，劳动反会减少的现象。这种现象也可以用"恩格尔曲线"得到解释。恩格尔曲线是表示收入和商品消费量一一对应关系的连线。人们收入低时，购买劣等品；收入提高后，则随着收入的提高而减少劣等品的购买，如果人们随着收入提高而增加商品的购买，那么这种商品属于正常品，这样也形成一条向后弯曲的曲线，如果把劳动看成一种劣等品，它会给人们带来痛苦，则当收入低时，人们为了生存必须劳动，报酬高劳动多，但报酬高到超出了生存的需要后，劳动这种痛苦的活动就不再对工资提高做出回应，提高工资不再产生激励效果。

第四，在激励数量问题上也有与激励机制相同的评价标准。合理的量应该能够激起员工的劳动热情，促使组织目标顺利实现。

第五，教师激励的数量不能与经济效益挂钩。学校属于非营利组织，相对企业员工，教师的报酬比较稳定，不会随着经济效益的好坏而大起大落，所以在激励数量问题上具有特殊性，可以把相对固定的收入或学校支出变换形式发放，且围绕不同时期学校具体的目标进行，"朝三暮四"，从激励角度来讲，有其合理性，它体现了人们追求新奇、富于变化的理念。

三 双重机制化解教师私有信息

（一）竞争和激励双重机制的关系

竞争机制侧重于必须完成任务的压力，激励机制注重满足需要的动力，两者具有互补关系，两者之所以能够互补，是因为竞争机制和激励机制如上所述各有利弊，同时又有其共同点，兴利抑弊皆服从于共同点。其共同之处在于：第一，都看到了组织成员与组织利益的不一致性。组织利益不等于个人利益，组织关心的是工作绩效，个人关心的是满足个人需要，如金钱、奖励旅游、持股、优惠贷款等。这种不一致为竞争或激励机制提供了必要性。第二，目标一致。竞争机制和激励机制都是为了实现组织目标。组织由成员组成，成员具有动力和压力才会导向组织的成功。第三，人们既需要动力，也需要压力。

至于哪种机制更根本，则要动态看，当组织失去灵魂、一盘散沙的时候激励性机制，尤其是其中的第三类即组织文化类激励机制就是更重要的。日本文化中组织归属感至高无上，超越血缘和地缘关系，员工不可能为了老乡或亲人损害企业的利益，为什么？要和、要征服才能做成事，岛国危机感使其然，日本国为了生存要征服，一个企业、一个学校为了生存也要征服。我们不可能形成岛国的危机感，因为我们不是岛国，但我们可以产生发展中国家的危机感。当组织的这种激励性功能发挥好的时候，也就是组织成员自律性最好的时候，这时虽然不能说再也用不着其他类别的激励机制和竞争性机制了，因为为高尚的组织文化所激励的组织成员也不能不食人间烟火，但它们从战略上已经退居次要地位了，自律成为高效能员工自我管理的核心。

这种激励机制塑造的是集体意识、社会奉献精神，要大家专注于主流意识，那这样是否造成了个性的压抑呢？没有，因为个性发展要以社会利益为背景，它的落脚点也是奉献社会。

当组织文化性质的激励机制运行良好的时候，其他类别的激励机制和竞争性机制在战术上就变得重要了。文化性激励机制和其他机制是一种战略和战术的关系，前者是根本的，能够提升成员的思想境界，大大超越了经济学的为自己个体利益的诉求，军队、企业和学校等组织皆然，后者以人性自私为假设，它在战术上不可忽视，否则，组织内个人就会各行其是，远离需要个人付出的组织目标。所以各种机制都要利用，这时可以把组织文化性激励机制作为背景，平时运行竞争性机制和其他激励机制。

（二）高校组织文化的特殊构建

组织运行机制理论具有普遍意义，学校组织也适用，同时学校也要充分重视其特殊性。

1. 高校组织文化激励的核心是教师的职业崇高感

学校需要高尚的组织文化来激励教师，以激发教职员工从事高等教育事业的崇高感和主动性为宗旨，富有成效的高校组织文化会让他们深刻地意识到他们的工作超越了谋生，他们的良好表现是在为学校争光、为社会培养高素质的人才，甚至是在推动社会和人类的进步。高校教师的职业崇高感这种深刻意识的获得要依靠学校的标语、教师的被尊重被重视、建筑设备和各种具有象征意义的活动等来实现，这些校园文化的环境、行为和语言载体鲜活地体现着高校组织的价值观与行为准则等精神因素，作为一种意识形态和文化氛围，人们时时处处会感受到它的存在，它的影响之大甚至会辐射到与高校关系密切的公众如家长和高校管理部门等社会人群中。

2. 高校组织文化激励结构的构建

教师群体具备高度的精神自足，但他们也需要外界的肯定，高校组织文化激励结构的构建要注意针对高校教师的主体需求和外力影响。近年高校教师所受到的外在支持受到冲击：第一，教师的授课内容受到非正规教育的影响。非正规教育主要指高校教育以外的其他教育，包括社会风气、负面事件、影视文学作品、网络价值环境、传统文化、高校内部的非制度文化、家庭教育和国际交流的影响等。外来的西方文化容易引起青年学生对民族文化的疏远冷落以及民族自尊心、自豪感的下降；大众文艺创作中对不良情绪因素的过多渲染影响着青年学生的人生态度；超前消费和追求物质享受的消费文化容易冲淡传统的艰苦奋斗思想；色情、淫秽、凶杀暴力的影视录像制品冲击大学生的本善正义；权力贪腐也腐蚀了青年学生奉献社会的抱负；各种渠道的传统文化往往良莠不分，儒释道中消极的部分侵害着稚嫩的头脑；家长的思想水平参差不齐，对下一代教育也掺杂着错误的东西；人情、小道消息和对组织的评判等高等院校内部的非制度文化的存在是不可避免的，它与正规的组织制度文化之间可能存在不一致甚至对抗，对正规组织文化的功能会起到削弱作用。青年人好奇心强，世界观、人生观和价值观不定型，很容易被不健康的社会文化娱乐剥夺正确的取向、时间和精力，他们对外界的吸收能力强，却缺乏向外的精神力量输出意识和能力。时常听到同学讲，在课堂上觉得老师讲得很有道理，但一到课下就又感觉课堂文化软弱无力，这种情况使得教师正面授课内容的被接受性受到挑战，需要教师加强对学生的了解并拓宽加深自己的理论功底，这样才能够在新形势下保证和提高授课内容的说服力。第二，现代化教学手段的冲击。继 PPT、网络课堂等教学技术手段之后，MOOC 等更加现代的手段很可能带来大面积的课堂翻转，课上学习将变为课下自学为主，传统的师生面对面课堂将只是一个讨论辅导的平台，这将大大减少对教师数量的需求，他们面临着失业的威胁，在这种背景下怎样激励教师就成为一个新的问题。第三，及时全方位把握时代脉搏渠道狭窄。社会更新进行时的生产生活与精神面貌是学校确立人才培养目标、组织教育活动的参照系，高校本应是社会"晴雨表"，但事实上高校相对封闭，自我循环，不能及时准确把握社会的产业结构、科学技术和思想意识等的转换，在教学内容、方式和目标等各个教学环节缺乏建立在科学的预测与决策之上的动态调整，最终造就了一批脱离社会现实需要的过时毕业生，这种情况会导致教师得过且过、轻视自己职业地位的不良后果。

鉴于以上各种冲击，高校组织文化激励结构的构建要着力于：第一，成立社会甚至国际社会人才需求战略研究机构。机构的研究成果是高校不断转变教育思想，更新教育观念，优化教育目标和建立新的人才培养模式的坚实依据，建立高校与社会的互动循环制度，多渠道拓宽教师对社会的了解，及时掌握学生思想动向，有针对性地随时调整教学模式，高校由此与时俱进，甚至做到真正引领社会，而不是成为一个外面大社会的缩影，教师职业的自我评价也会大大提高。第二，挖掘并发展高校可以传承的历史传统。每一个高校都有自己或长或短的历史，而每一段历史又肯定有自己特殊的文化氛围，挖掘其中的精华，总结沉淀下来并不断增添新的时代内容，就形成了自己的历史传统，这种扎根在人们内心深处的强大的软规范远远胜过校园布局、技术和建筑等显性硬件环境，使每个高校都是独一无二的，她使每个成员都被深刻地打上母校的烙印，她的导向、约束、凝聚和激励作用流进血液、成为基因，她的光辉对学生和教师都是一种普照之光，照得那些非正规教育的负面影响黯然失色，教师的教学效果陡然提升。第三，培训常态化动态化。培训的核心目标要围绕教师的职业自信，让每个人都对自己的前途充满希望。

3. 突出组织的民主管理

对比其他行业员工，高校教师具有更高的理性思维，由他们参与学校管理既符合新型社会治理的新形势，也与其理性思维特点一致，还能够解决物质公平分配与参政精神需求并举的问题。为此我们提出"多元在场性合作组织治理模式"，新型组织治理模式强调组织各方面的积极参与互动，多元在场性合作组织治理模式正是循此思路提出的，在传统的管理与被管理模式下，相关利益主体之间因彼此隔离而易生摩擦，其中的根本在于信息失衡以及与之相连结的利益失衡，而多元在场性合作组织治理模式则能够使各种利益关系得以协调，从源头上化解组织矛盾，本书主要以初次分配失衡为线索论述这一模式。信息地位是利益份额的一种重要基石，在组织层面的初次分配中，组织往往处于信息优势地位，获得大的利益份额，相应地，雇员则在信息劣势行列，只能被动地接受一个较少的额度，要解决初次分配失衡的问题，信息结构的调整将是一种有效路径，这条路径开辟于新型的组织治理模式。

（三）初次分配中蕴含的传统组织治理模式的缺陷

传统组织治理模式是一种"管理与被管理"模式，其缺陷是难以形成体现各方利益的博弈均衡，会导致初次分配失衡这样的组织问题。

初次分配相对于再分配和三次分配具有至关重要的基础性作用，它基本确定了一个人的社会经济地位，财政再分配和爱心人士的慈善等三次分配改变不了他的根本处境，而且相对收入比绝对收入更能够影响一个人、一个群体的情绪变化，所以对初次产权安排的改革是社会治理的第一位的重任，今日中央关于国企官员合理收入的规定要比《国有企业领导人员廉洁从业若干规定》具有根本性，这就是针对初次产权安排的突破性的改革。同时初次的产权安排、信息格局受生产力发展阶段的制约，它的状况体现着经济规律的必然性，有些无法人为改变，每个经济主体都会被时代"催眠"，他在社会关系面前身不由己，其间造成的较大收入差距就需要组织治理来抚平。

组织中的各种生产要素所有者从社会角度看，就是社会上的各个社会阶层，他们各有自己的利益诉求，这些诉求有共同点，也有差异，正是后者埋藏着社会矛盾和社会失序的隐患，古今中外统治者无不正视，动用手段既有武力的、政治的，也有文化的、经济的，它们有一个共同的特点，那就是超越于各个利益主体之上进行决策，或利或损，被协调者只能被动接受。皇帝和各级官员也进行调查研究，也适当照顾民间疾苦，但他们的立足点主要在于剥削阶级利益及其政权的稳固，而百姓的根本利益及社会整体的进步则超出了他们的视野。

我国财政政策承担着再分配的重要职能，其特点是：第一，政府独家决策。决策涉及的利益主体被排斥在外。古时官员讲"当官不为民做主，不如回家卖红薯"，这样的官员无疑是时代佳吏，但从今天的观点看来，他还是忽视了百姓的主体价值，今天人们要的是"我的青春我做主"。第二，属于"管理与被管理"模式。在这种模式下，各个利益相关者的信息地位、进而利益地位不平等，还可能拉大初次分配的差距。

这种再分配制度容易产生的问题是：地方寻租，资源被用于分配性努力，而不是生产增进，获利往往超越于客观需要；官员腐败，决策者偏向寻租者，而不是立足于公正的再分配所追求的社会秩序与发展；苦乐不均，难以形成博弈均衡。

社会治理与以前所有的再分配制度相比，具有根本性突破，那就是相关利益主体的共同参与，它的决策是一种博弈均衡，是以共同管理模式代替管理被管理模式，属于治理，而不再是制理，即制约式处理。新的社会治理模式最根本的在于各利益主体即时分享信息，是一种平等的信息权安排。当然，作为一个关系社会全局的社会治理方案，它关注的是社会的方方面面，不仅仅是社会收入平衡的问题，但这个问题确实是各种问题的基础，经济基础决定上层建筑，生产关系处理偏颇必然影响其他领域，所以是一个基础性的重大问题，有必要给予单独讨论。

（四）多元在场性合作社会治理模式及其信息平衡机制

本节把组织治理新路径概括为"多元在场性合作"，具体来说，组织治理新路径可以勾勒描述为：博弈与设计—在场性合作—集中决策，三者相互融合，彼此存在于对方之中，博弈与设计是多元主体的在场、是集中决策的前奏，在场是博弈与设计的结果目的、是集中决策的前提，集中决策是博弈与设计的结果、是在场性的集中决策；合作与整合相对而言，传统模式以利益整合、资源整合、组织整合和价值整合等手段应对社会矛盾与社会发展问题，而相关利益者合作是当今市场经济所培育的个体意识、利益多样化、国际社会互动、传统文化和中国特色社会主义的结晶。贯穿社会治理新路径的红线是如何安排好利益相关者平等的信息权。

组织治理的发端机制是博弈与设计。组织中或社会上不同利益主体之间的收入差距导致彼此之间的互动决策，这种完全自发的微观的互动过程交织着合作与非合作行为，是市场经济中的"霍布斯丛林"。撇开非历史的猜想，人类从来没有现实的真正的单独个人的存在，个人总是生存于集体、家庭、部落或者游牧群体的约束下，但我们完全可以把自由市场中的独立利益主体看成是这种状态，这种状态无序的必然性和有序的偶然性能够直接导出法律惯例等制度的必要性，但权利不是交给一个君主，而是类似一个君主主导下的共同商议和决策，每一个博弈主体的主动性体现了社会治理新路径中第一个环节上的平等信息权红色结点。如果说自发性博弈的无序性结果和破坏性成本逼出了多元主体性质的社会治理新模式，那么系统论基础上的顶层设计则是从国家民族社会总体长远利益着眼实现中国梦的主动出击；如果说前者主要是为了平衡社会利益，那么后者主要就是为了增进社会利益。

"在场"即面对面商议是新的组织治理必不可少的题中应有之义。在场是德语哲学的一个重要概念，指直接呈现于眼前的事物，即经验的直接性、无遮蔽性和敞开性，这里是指利益主体的在场，更本质地，是指政治信息的在场。调研等决策程序是以前的制度也都含有的，新的社会治理模式针对的是当代社会利益多元化、矛盾复杂化和诉求民主化，所以面对面商议是它的根本特征，只有这种形式才能够保证各个利益主体的主张得到切实的传达和兑现。

新的组织治理模式仍得保有决策集中制的效率。新模式坚持党的领导和政府主导作用，但不是如以前的制度在相关利益主体背后拍板，而是面对面定夺，所以这个环节也贯穿着利益相关者平等的信息权。这种制度有着西方民主制度所没有的巨大效率优势，其内在根据和实体性力量来自对狭隘本位利益的扬弃，来自全社会整体利益和中华民族复兴的出发点和归宿点，这是中国特色社会主义之至善。我国农村的先进典型也证明了这个理念，如社会主义新农村无不是有力诠释，其共同要素是：一心为公、能力卓著的带头人，群众商议，集中决策，面向市场经济规模化分工生产经营，利益均衡，社会全面发展，其中集中决策是效率的关键。这种形式实行层级式的面对面商议，所以不是传统的、代为投票而不进行沟通的间接民主；同时它又不是所有人一起商议，所以也不是绝对的直接民主，直接民主在雅典那样小国寡民的时代可以，在庞大规模的国家则难以行得通，要格外强调的是集中决策者的决策必须依照法律精神。

这种多元在场性民主集中制具有直接民主和间接民主的双重属性，一方面，各种主体的在场性展现于各个环节，体现着直接民主；另一方面，其中的层级性使这种模式具有代议性质，体现间接民主，但总体上，又是直接民主和间接民主的有机统一；当然，在场的各种主体也多是其所属群体的代表，从这个意义上讲，在这个环节也具有间接民主的特点。

上述对于新的组织治理模式的理解更多的是倾向于政体维度，政体可以是多种多样的，亚里士多德早已阐述了政体多样化与政体分类原则，中国特色社会主义的政体——人民代表大会制度需要具体探讨落实，这种新的社会组织治理模式就是这样的一种尝试。

"多元在场性合作社会治理模式"对于国民收入初次分配失衡可以采用的治理思路主要有：第一，确立信任基础。没有信任，就没有合作，权力信任和社会信任缺失及其叠加效应会导致合作脆弱，并最终架空组织治理，在一定的社会经济前提条件下，意识的东西还要靠意识来解决，因此重视信任工作、对各方晓以利害就能够建立起协商合作型信任的根基。第二，组织会谈。会谈者包括校方、劳方、媒体和社区居民，乃至国外相关人士，综合教育市场和成本等多种因素，合理提高劳动者工资待遇，规定最低水平，形成法律约束，使之成为市场外的一个强有力的抗衡机制。第三，抑制生产过程中的强势集团。强势集团目标往往不是缺乏利益，而是追求尽可能多的利益，是组织初次分配失衡的积极制造者和关键主体，抑制他们的不合理行为必不可少，包括文化、法律和行政途径等。第四，提高微观劳动者工作技能。初次分配失衡的一个重要原因是微观劳动者缺乏市场就业竞争力，职业替代率高，谈判基础弱，提高技能是一种有力对策。第五，加强组织主流文化培养。共同的文化思想情怀有助于打通各阶层的社会空间，社会空间与自然空间相对应，企业里自然空间都是社会化的，同样的自然空间，不同文化层次的人占据，则使其具有不同的社会意义，如果同一个自然空间同时回荡着杂多的文化，那么这个空间的和谐就会受到威胁，而不同的自然空间以相同或相似的文化填充却使其如同一个自然空间，因此以一个意识形态的最大公约数即社会主义核心价值观来作为组织主流文化，组织空间就会充满和谐。以上思路都指向微观劳动者的初次分配收入提高，并且自始至终贯穿着直接的、连续的和流变的信息分享。

信息地位决定了收入分配中的地位，要使收入分配合理化，尤其是对分配主体的社会经济地位具有源头性制约的初次分配合理化，就必须分析组织的信息结构，从组织内部的微观上和社会治理的宏观上展开全面调整改革，使当前初次分配中的弱势者主要是一线雇员的劳动得到更高的评价。组织各利益主体的份额不是单纯笼统地来自市场自发力量，一切皆为人主持，份额问题也不例外，市场经济竞争不能作为分配严重失衡治理的挡箭牌，多方会谈等信息平衡的各种机制可以发挥至关重要的作用。

（五）多元在场性合作社会治理模式的层级性

"面对面商议"具有级别性、层次性，可以首先从最基层开始，形成一致意见后上报上一级，层层递推，直到问题彻底解决，其中的层级越少，效率越高，只有一个层次的情况是效率最高的，在这种情况下，基层的诉求在面对面商议的第一时间就获得了解决；之所以需要层层递推，是因为组织人员众多，必然需要分层级管理，上级必然掌握着一定的管理资源；这种方式与传统制度还有一个重要区别是由下到上递推，而不是相反的由上到下，这样有利于保证基层原始问题的真实性。

新模式的层级制从根本上不同于传统模式，传统模式把利益相关者排斥在决策程序之外，由一部分利益相关者代行所有利益相关者的权力，而新模式则吸收了各种利益相关者，他们的价值和利益诉求能够在第一时间得到直接的、准确的表达，各参与主体在地位上是平等无异的，有无这样的信息平衡机制是新旧治理模式的根本区别，新型治理模式体现了中国共产党心向人民、对历史负责的无私担当。

这种层级制也必不可免地存在信息传递过程中的信息滞留、遗失、扭曲和漏出，凡是多层委托—代理关系均会出现这些问题，它们产生于信息硬件技术的局限性、信息传递主体的私利及其机会主义、主观理解的偏差和事情本身的复杂性，但这些问题可以依靠其独特的优势得到弥补，它的突出优势在于众人的公共意见好于单纯官员的拍脑袋，其沟通的即时性也使它优越于缺乏沟通的投票制或举手制度。在这种制度下，即使一个人的利益必须做出牺牲也是和谐而有秩序的，而在被决定的制度下，即使一个人的利益增加也会无动于衷，这是基于人的参与心理；虽然市场经济条件下物质利益成为人们的显性追求，但作为具有精神需求的立体人性同时看重与自己密切相关的社会事务的参与地位，其中有他的尊严、价值和被认同，"面对面商议"是组织治理新路径中第二个环节即在场性合作环节上的平等信息权红色结点。不同利益主体的共同参与必然带来诉求的纷乱杂多，而决策只能有一个，新模式如何解决这样的矛盾呢？答案一是杂乱中必然存在着一致，即最大公约数是客观存在的，因为富有社会性的人们之间有着共同利益，这可以理解为是后现代个性化追求中的"道体"，二是新模式的领导者和主导者作为组织者完全可以履行其协调功能，充当起其中的中枢神经系统，引导人们确定其最大公约数，并以其为最终决策。

在高校组织文化特殊性前提下，竞争性机制在教师身上的推行要格外注意对教师的尊重，知识分子的特点往往使过大的外在压力失效。文化性激励机制以外的激励机制务必结合教师的荣誉感。荣誉机制对其他机制具有提升作用，使其他机制熠熠生辉，它们相互加强，共同促进组织目标的完成。

主要参考文献

1. 凯洛夫：《教育学》，人民教育出版社 1953 年版。

2. 柏拉图：《理想国》，商务印书馆 1996 年版。

3. 石中英：《教育哲学》，北京师范大学出版社 2007 年版。

4. 叶圣陶：《过去随谈》（上、下），大众文艺出版社 2006 年版。

5. 杜威：《民本主义与教育》，商务印书馆 1949 年版。

6. 青木昌彦：《比较制度分析》，上海远东出版社 2001 年版。

7. 傅永刚：《如何激励员工》，大连理工大学出版社 2000 年版。

8. R. A. 沙曼：《组织理论和行为》，广西人民出版社 1988 年版。

9. 河岩：《心理学》，中央民族大学出版社 2000 年版。

10. 钟义信：《信息科学教程》，北京邮电大学出版社 2005 年版。

11. 陈谟开：《高等教育评价概论》，吉林教育出版社 1988 年版。

12. 萧：《信任的力量》，经济管理出版社 2002 年版。

13. 张五常：《企业的契约性质、企业制度与市场组织——交易费用经济学文献》，上海三联书店、上海人民出版社 1996 年版。

14. 许永刚：《中国竞技体育制度创新》，人民体育出版社 2006 年版。

15. 邹进文：《公司理论变迁研究》，湖南人民出版社 2000 年版。

16. 马克斯·H. 布瓦索：《信息空间——认识组织、制度和文化的一种框架》，王寅通译，上海译文出版社 2000 年版。

17. 张应强：《高等教育现代化的反思与建构》，黑龙江教育出版社 2000 年版。

18. 张维迎：《博弈论与信息经济学》，上海三联书店、上海人民出版社 1996 年版。

19. 周振华、刘志彪、姚诚等：《社会主义市场的系统分析》，南京大学出版社 1988 年版。

20. 查尔斯·汉迪：《超越确定性》，徐华、黄云译，华夏出版社 2000 年版。

21. 布·罗姆利：《经济利益与经济制度》，上海三联书店、上海人民出版社 1996 年版。

22. 道格拉斯·C. 诺思：《经济史中的结构与变迁》，上海三联书店 1994 年版。

23. 科斯、哈特、斯蒂格利茨等：《契约经济学》，经济科学出版社 1999 年版。

24. 罗能生：《非正式制度与中国经济改革和发展》，中国财政经济出版社 2002 年版。

25. 厉以宁：《经济学的伦理问题》，上海三联书店 1995 年版。

26. 曼瑟尔·奥尔森：《集体行动的逻辑》，上海三联书店 1995 年版。

27. 蔡继明、李仁君：《广义价值论》，经济科学出版社 2001 年版。

28. 亨利·勒帕日：《美国新自由主义经济学》，北京大学出版社 1985 年版。

29. 萨尔坦·科马里：《信息时代的经济学》，江苏人民出版社 2001 年版。

30. 约翰·W. 纽斯特罗姆等：《组织行为学》，经济科学出版社 2000 年版。

31. 塔尔科特·帕森斯、尼尔·斯梅尔瑟：《经济与社会》，华夏出版社 1989 年版。

32. 贾强、侯卉：《零和游戏》，吉林人民出版社 2003 年版。

33. 张军：《特权与优惠的经济学分析》，立信会计出版社 1995 年版。

34. 方晓霞：《中国企业融资：制度变迁与行为分析》，北京大学出版社 1999 年版。

35. 蔡继明：《非农业地租并非由农业地租决定和调节——评古典地租理论的一个教条》，《当代经济研究》2015 年第 6 期。

36. 窦竹君：《连坐：中国传统社会治理的制度基础——关于连坐与社会治理的思考》，《河北法学》2010 年第 6 期。

37. 陈喜庆、孙健：《正负激励方式反向运用》，《中国农业大学学报》2006 年第 4 期。

38. 佚名：《哲学理性概念与经济理性概念辨析》，《中国论文下载中心》2006 年第 1 期。

39. 杨林：《管家理论与代理理论的比较分析》，《金融管理》2003 年第 10 期。

40. 仲晓东：《大学生助学贷款困境的经济学分析》，《经济体制改革》2009 年第 1 期。

41. 冯红琴：《高等教育国际化背景下创新教学模式的探讨》，《学理论》2011 年第 3 期。

42. 马源、石利：《高校教学质量提升因素研究》，《教育探索》2013 年第 10 期。

43. 眭依凡：《高等教育现代化的理性思考》，《高等教育研究》2014 年第 10 期。

44. 潘昆峰、袁娟：《中国城市高等教育科研创新能力研究》，《中国高教研究》2015 年第 7 期。

45. 张安富等：《高等教育质量与水平及相关概念辨析》，《高等教育研究》2009 年第 11 期。

46. 杨天平、刘召鑫：《中国高等教育对经济增长贡献率的分析比较》，《高校教育管理》2014 年第 3 期。

47. 王洪才：《论高等教育的本质属性及其使命》，《高等教育研究》2014 年第 6 期。

48. 仇高擎等：《非完美消费风险共担与开放条件下国民福利增进》，《上海金融》2015 年第 5 期。

49. 薛彦华等：《影响我国学校科技创新能力的制度因素分析》，《内蒙古师范大学学报》2013 年第 10 期。

50. 史晓燕：《教师教学质量评价机制探索》，《教育评论》2014 年第 3 期。

51. Zoran Radojicic Veljko, Quantity or quality：What matters more in ranking higher education institutions？, *Current Science：A Fortnightly*

Journal of Research, EISCI2012 2.

52. Chen, A revised Inno – Qual performance system for higher education: The integrated applications of Dematel and ANP, *The Journal of the Operational Research Society*, EISCI2012 4.

53. Toni Lupo, A fuzzy ServQual based method for reliable measurements of education quality in Italian higher education area, Expert Systems with Application, EISCI2013 17.

54. Chuchalin, O. , Boev, A. , The Russian system of higher education in view of the Bologna process, International journal of electrical engineering education, EISCI2007 2.

55. Juan Jose Tari, Self – assessment exercises: A comparison between a private sector organisation and higher education institutions, *International Journal of Production Economics*, EISCI2008 1.

后　记

本书以高校教学质量提升为研究对象。在知识经济时代，今天的大学生就是明天中国特色社会主义事业建设的主力军，其大学教育关乎中华民族复兴大业的成败，但目前在高等教育教学实践中存在着众多问题，有的还比较严重，如教学的无效和低效问题，原因是多方面的，我们感觉其中最深刻的是师生之间的信息失衡及其扭曲所致。要解决这个问题，需要立体化破解模式，即私有信息的起始性化解—轮流挂牌上课制度、私有信息的过程性化解—对象性双向制和私有信息的剩余性化解—教研室团队建设，这种关于高校教学质量研究的独特视角来源于数十年的高校教学实践。

中国社会科学出版社的卢小生主任一向勤勉助人，对本书的出版进行了热心指导，他对稿件反复修改，真诚地向卢老师说一声："谢谢您！"卢老师学风的严谨也同时使我更加热爱中国社会科学出版社。

这本书能够出版，得到了河北经贸大学马克思文学院等的资助，感谢领导、同事和朋友们平日的无私帮助和大力支持！这鼓舞我今后会更加辛勤地工作，多出成绩来回报大家。

在写作过程中参阅、受益于学术界大量已有文献资料，这些宝贵资料是各地各相关方面的专家学者艰苦劳动的结晶，感谢他们的启迪！

刘彦平　田　光

2017 年 5 月 12 日